www.tredition.de

AF196860

Wulf Henning Müller

Wahrheit und Geist

Ein Gastmahl

www.tredition.de

© 2015 Wulf Henning Müller

Verlag: tredition GmbH, Hamburg

ISBN
Paperback: 978-3-7323-4984-5
Hardcover: 978-3-7323-4985-2
e-Book: 978-3-7323-4991-3

Printed in Germany

Inhaltsverzeichnis

Vorwort

Als ich den Entschluss fasste, dieses Buch zu schreiben, war meine Intention in erster Linie, meine Gedanken zu bündeln und festzuhalten. Zu oft gelangte ich bei meinen Studien der Philosophie an ähnliche Fragestellungen, und dachte den Weg zur Antwort jedes Mal neu, was nicht gerade meinem Verständnis der Ökonomie entspricht. Ich hatte aber die Hoffnung, was ich einmal schreiben würde, auch jederzeit leichter abrufen zu können. In zahllosen Diskussionen mit meinen Freunden stellte ich in der Folge aber schnell fest, dass zwar Interesse an den Erkenntnissen der Alten vorhanden ist, aber bei den wenigsten der Wille vorhanden ist, dieses durch Lektüre der ehrwürdigen Texte, geschweige denn eigenes Denken zu vertiefen. In unserer heutigen, so schnelllebigen Welt fehlt zu oft die Zeit, sich mit den wichtigen Dingen auseinanderzusetzen. Man opfert sich im Beruf oder für die Familie auf, jagt den neuesten Trends oder preiswertesten Schnäppchen nach, aber das Teuerste, was der Mensch besitzt, nämlich seine Seele und Vernunft, schenkt man am schnellsten und billigsten her. So beschloss ich denn, dieses Buch zu veröffentlichen, um dem an der abendländischen Philosophie Interessierten einen schnellen Zugang zu ihr zu ermöglichen, und um deren Erkenntnisse der letzten zweieinhalb-tausend Jahre in möglichst einfacher, kurzer Form darzustellen und zusammenzuführen. Man wird schnell feststellen, dass die fernöstliche Philosophie keinen Einlass in dieses Buch gefunden hat, da mir etwa ein Konfuzius oder die chinesischen Weisheiten im Allgemeinen eher wie ein Ratgeber in wirtschaftlichen oder kriegerischen Dingen, oder Konfuzius bestenfalls noch als Poet, erscheint, denn als wahre Philosophie. Sollte ich der fernöstlichen Philosophie hiermit Unrecht getan haben, bitte ich gerne um Verzeihung. Vielleicht liegt es an den manchmal sicherlich schwierigen Übersetzungen ins Deutsche, die oft zu vage sein mögen, um den Sinn richtig einzuordnen. Ich möchte mich auch bei eventuellen weiblichen Lesern entschuldigen, dass ich durchgängig immer die männliche Form, wie etwa „Der Tugendhafte" gewählt habe. Bereits Platon attestierte in seiner Politeia den Frauen dieselben geistigen Fähigkeiten wie den Männern, und ich bin ein unbedingter Vertreter seiner Ansicht. Meine Wahl ist der Einfachheit geschuldet, sie enthob mich der Pflicht, immer das politisch korrekte „die/der Tugendhafte" zu schreiben, was auch im Sinne der Lesbarkeit aus meiner Sicht unzumutbar gewesen wäre. Ich hoffe, weder Leserin noch Leser nehmen hieran

Anstoß. Ferner hat ein Friedrich Nietzsche hier keinen Zutritt. Ich empfinde ihn zwar als begnadeten Schriftsteller mit höchsten literarischen Begabungen und auch meist recht gut beobachteten gesellschaftlichen Anschauungen, nicht aber als wirklichen Philosophen. Es wundert mich nicht, dass er sein Leben zeitweise im Sanatorium gefristet hat. Ich habe mich auch bemüht, auf Fremdwörter weitestgehend zu verzichten, spricht doch heute bedauerlicherweise kaum noch jemand Latein oder Griechisch, die beiden Sprachen und Grundlagen jeder wahren humanistischen Bildung. Zudem habe ich als Form ein Gastmahl in Anlehnung an das platonische Gastmahl gewählt, sowie die sokratische Dialektik, da ich der Meinung bin, dass diese beiden Formen die eingängigsten Lesarten der Philosophie sind, denn viele Hauptwerke anderer Philosophen dürften manchen Lesern in ihrer Zeitnot eine zu zähe Kost sein. Bei den Fragen mag der Leser vielleicht vor der Antwort bei sich eine eigene Antwort formulieren, wie ich es immer bei der Lektüre Platons getan habe, und den Gehalt der jeweiligen gegebenen Antwort bei sich erwägen, auch zur eigenen Prüfung. Dennoch ist dies aber kein Buch für die Masse. Die Masse interessiert sich nicht für den eigenen Geist oder die Wahrheit, sondern nur für Smartphones, schnelle Autos, Flachbildschirme und die neuesten Tablet Computer. Daher wird unsere Gesellschaft auch eines Tages an der eigenen Dekadenz ersticken, wie es bisher schon so vielen Hochkulturen wie den Ägyptern, Römern, Persern, Indern oder den alten Chinesen ergangen ist. Der Leser darf sich daher privilegiert fühlen, zugehörig zu sein zu den wenigen, die das Interesse für den eigenen Geist, die eigene Seele und mithin der Wahrheit noch nicht verloren haben. Ich werde hier aber nicht alle Gedanken und Beweise der Alten wiederholen können, sondern nur deren Erkenntnisse, und einen oder zwei eigene Gedanken habe ich auch hinzugefügt. Wer sich also tiefergehend mit den Themen dieses Buches beschäftigen möchte, der lese die Originaltexte der Alten, der himmelhoch weiseren Männer, als ich es bin. Es ist - fast - alles schon einmal gedacht und geschrieben worden, wenn auch noch das eine oder andere für die nächsten Jahrhunderte zu denken und zu erkennen übrig ist. Man muss sich lediglich der reich gefüllten Schatzkammer menschlichen Denkens und des dazugehörigen Schrifttums bedienen, will man der Wahrheit auf die Spur kommen. Nur eines muss man dabei noch selbst tun: Denken, indem man seine Vernunft gebraucht.

Wulf Henning Müller, Mai 2015

Wahrheit und Geist – Ein Gastmahl

Tag 1: Eine beinahe fehlgeschlagene Suche nach der Wahrheit

„Nun weiß ich wirklich nicht mehr, was ich glauben soll!" Ich rief es voller Empörung aus, hatten wir uns doch seit mittlerweile zwei Stunden über die neuesten politischen Entwicklungen und Krisenherde unterhalten, ohne zu einer gemeinsamen Meinung gekommen zu sein. Ich saß gerade in angenehmer Runde mit meinen liebsten Freunden zusammen, wir hatten gut gespeist und tranken einen hervorragenden Rotwein zusammen, um das Essen etwas besser verdauen zu können. Obwohl wir in vielem ähnliche Meinungen vertraten, konnten wir uns in politischen Dingen nie einigen.

„Alle Informationen, die man über die Medien erhält, sind grundsätzlich falsch oder zumindest gefärbt und von bestimmten Kräften ausgewählt, nirgends erfährt man die Wahrheit. Ich denke, ich werde ab jetzt nur noch meinen eigenen fünf Sinnen vertrauen, um die Wahrheit herauszufinden, und halte mich ansonsten nur noch an Moral, Glaube und Gesetze."

„Und daran tust Du völlig recht." Sagte David[1], und schob sich genüsslich ein Pastetchen zwischen seine Lippen. „Alles, was wahr ist, kann über die eigenen fünf Sinne erfasst werden, diese liefern die einzigen Hinweise auf die Wahrheit. Und irrt man einmal, weil man falsche Schlüsse fasst, so ist dieses nur auf eine unzureichende Erfahrung oder Information zurückzuführen."

„Wie nun?" fragte Sokrates[2], mein ältester Freund, der wie sooft anderer Meinung zu sein schien: „Nur den Sinnen sollte man vertrauen können? Vielleicht sollten wir gemeinsam versuchen, herauszufinden, was Wahrheit ist und was nicht, mein lieber David?" Prüfend schaute er in die Runde, und ein begeistertes Kopfnicken von allen Seiten war die Antwort. Wir alle liebten das Gedankenspiel der Philosophie. „Bevor wir dieses aber können, möchte ich sicherstellen, dass wir unter dem Begriff Wahrheit auch dasselbe verstehen, was meinst Du?"

David antwortete: „Das kann wahrlich nicht schwer fallen, da ich denke, wir Menschen verstehen doch automatisch alle dasselbe unter dem Begriff Wahrheit."

„Tatsächlich? So sage es mir denn, ich selbst habe davon im Augenblick nämlich noch keine klare

Vorstellung", sagte Sokrates, was bei uns anderen ein kleines Schmunzeln hervorrief, denn er stellte sich immer unbedarfter, als er eigentlich war.

„Nun, offensichtlich ist die Wahrheit doch das, was den Tatsachen entspricht. Sage ich beispielsweise, dieser Wein ist rot, so wird dieses doch wohl jedem als Wahrheit, nicht aber als Lüge einleuchten, solange er diesen Wein mit seinen Sinnen erfassen kann." Antwortete David.

„Wie also? Ich wusste doch, dass wir nicht dasselbe unter der Wahrheit verstehen", sagte Sokrates. „Würdest Du aber einen Farbenblinden fragen, welche Farbe der Wein hat, so könnte dieser sehr wohl anderer Meinung sein als wir übrigen?"

„Das schon, aber seine fehlerhafte Meinung ist doch nur auf einen Defekt seiner Sehfähigkeit zurückzuführen! Er würde die Farbe vielleicht als grün beschreiben."

„Der Blinde würde aber doch ebenso wenig die Farbe des Weines zuverlässig richtig bestimmen können?"

„Selbstverständlich, jedoch aus demselben Grunde. Er könnte gar keine Aussage treffen, doch nur, weil er nicht das normale Sehvermögen hat."

„Betrachte ich als mit normalem Sehvermögen ausgestatteter Mensch Dein Glas aber aus weiter Ferne, was wäre wohl meine Meinung hinsichtlich der Farbe des Weins?"

David überlegte kurz: „Es könnte wohl sein, dass Du dann die Farbe kaum noch erkennen könntest, und wohl gar zu dem Schluss gelangen würdest, er möge schwarz sein. Aus zu weiter Entfernung könntest Du das Glas wohl gar nicht mehr als solches erkennen. Aber auch dieses wäre nur der Beschränktheit Deines Sehvermögens geschuldet, also einer fehlenden Information."

„Wenn wir aber die Wahrheit suchten, sollte diese nicht für alle Menschen gelten? Wäre die Wahrheit etwas, das für den einen gälte, für den anderen aber als unwahr? Wäre etwas, das *ist*, für den anderen Menschen nicht seiend, das was für den einen Menschen existiert, für den anderen nicht existent? Und wir wollen doch sicherlich weder den Farbenblinden, noch den Blinden oder mich aus der Gattung der Menschen ausschließen?"

„Natürlich nicht", musste David einräumen.

„Dann dürfen wir als gesichert annehmen, dass die Wahrheit für alle Menschen dieselbe sein muss?" fragte Sokrates.

„Mir wenigstens will es so scheinen." bekannte David schmollend. Aber Sokrates ließ ihn noch nicht in Ruhe:

„Wenn wir demnach aber heute eine Wahrheit herausfinden, kann es dann sein, dass sie morgen unwahr ist?"

„Auf keinen Fall!"

„Sollte eine Wahrheit also immer wahr sein, oder sollte ihr Wahrheitsgehalt sich jeden Tag ändern, wie man seine Unterhose wechselt?"

Ich wollte David ein wenig zur Seite stehen, und warf ein: „Mein lieber Sokrates, ich bin der Meinung, eine Wahrheit ist immer wahr, sie kann nicht einmal wahr und tags darauf wieder falsch sein!"

„Beim Zeus, dann haben wir, so glaube ich, den Begriff der Wahrheit recht gut eingegrenzt. Um die Wahrheit zu suchen, müssen wir also nach Dingen suchen, die einerseits für alle Menschen wahr und richtig sind, und nach Dingen, die zu allen Zeiten und immer wahr und richtig sind, sein werden und waren. Was wir dann als Wahrheit erkennen, sei uns aber für alle Zeiten unbezweifelbar, und wir wollen unverbrüchlich dazu halten. Irgendwelche Einwände?" fragte Sokrates, und blickte prüfend in die Runde. Ein einhelliges Nicken war seine erwartete Antwort, und auch ich musste ihm recht geben.

„So lasst denn die Spiele beginnen", sagte Sokrates mit einem Augenzwinkern. „Wollen wir also zunächst den Wahrheitsgehalt der durch die Sinne vermittelten Vorstellungen prüfen. Magst Du mir dabei behilflich sein?" Sein Blick ruhte prüfend auf mir, und alle schauten mich gespannt an. Schlagartig wurde ich mir der Falle bewusst.

Ich antwortete also: „Mein lieber Sokrates, mir ist durchaus nicht entgangen, dass Du eben in Eurem Zwiegespräch den Wahrheitsgehalt des Sehvermögens bereits angezweifelt hast. Leider muss ich dann aber auch meinen sämtlichen anderen Sinnen misstrauen. Denn wie es Menschen mit Sehschwächen gibt, so auch mit Hörschwäche. Überhaupt stellen sich die Dinge beispielsweise aus der Nähe ganz anders dar als aus der Ferne, sowohl Sicht- wie Hörbares. Sich Entfernendes hört sich ganz anders an als Nahendes, denken wir an die Sirene eines Krankenwagens. Auch bei dem Geschmacksnerv scheint es mir ähnlich zu sein, denn was dem einen eine Delikatesse, ist dem anderen ein Ekel. Daher kann uns der Geschmack kaum einen in unserem Sinne wahren Hinweis geben. Der Geruch von Dingen erscheint ebenfalls allen Menschen, je nach Ausprägung ihres Geruchsempfindens unterschiedlich. Nehmen wir zum Beispiel mal Dein Parfüm!" sagte ich augenrollend, und alle – auch Sokrates, der dafür berüchtigt war, immer auf ein Deo zu verzichten - schmunzelten erheitert. „Was den Tastsinn an betrifft, bin ich allerdings noch nicht so sicher."

„Wie denn? Ist es nicht so, dass dasjenige, was uns hier vielleicht eine glatte Oberfläche zu sein scheint, dem Feinmechaniker noch viel zu grob ist? Geschweige denn unter dem Elektronenmikroskop? Ist dem einen nicht ein Bett zu hart, dasselbe aber dem anderen zu weich, je nach Beschaffenheit der Wirbelsäule? Ist einem Kinde das Spielen im Matsch nicht eine liebe Beschäftigung, dem Erwachsenen aber sein Berühren durchaus unangenehm? Trügen denn nicht auch hier die Sinne?"

Ich musste ihm auch hierin recht geben.

„Somit wäre recht eindeutig geklärt, dass die Erkenntnisse, die der Mensch durch die Sinne, diese alten Lügenpropheten, erfährt, in jedem

Falle zu bezweifeln sind. Sie stellen also nie die Wahrheit in unserem Sinne dar, immer und für alle Menschen gleich zu sein."

Erstmalig meldete sich nun Georg[3] zu Wort: „Und das ist ja auch völlig klar. Unsere Sinne erfassen schließlich niemals die Dinge an und für sich, sondern gewissermaßen nur für uns. Man nehme das Sehvermögen: Nie zeigt es das Ding an und für sich, sondern immer nur höchstens die Oberfläche. Der Geruchssinn insbesondere erfasst ja nur einige Moleküle in der Luft, niemals aber das Ding an sich, welches man zu riechen vermeint. Es kommt hinzu, dass die Informationen, einmal zu unseren Sinnen gelangt, auch noch auf elektrochemischem Wege durch den Körper zum Gehirn weitergeleitet werden, dort ist also noch nicht einmal das Originalsignal erfassbar, sondern lediglich ein bereits umgeformtes, verändertes. Die Sinne sind trügerische Spießgesellen."

Hier pflichtete ihm ausnahmsweise auch Arthur[4] bei, der den Georg ansonsten nicht besonders gut leiden konnte: „Sehr richtig! Die fünf Sinne erzeugen in unserem Verstand nur Vorstellungen der Außenwelt, die keinerlei Realität oder Wahrheit in Bezug auf die Außenwelt besitzen. Sie *sind* – im Sinne von existieren – nur insofern, als sie unsere Vorstellungen sind. Denn eine Vorstellung ist ja gewissermaßen existent, sofern sie unsere Vorstellung ist. Diese, durch die Sinne gewonnene Vorstellung spiegelt aber in keinem Falle die Wahrheit in Bezug auf die Dinge selbst wieder."

Nun platzte mir aber der Hut: „Na, vielen Dank! Somit kann ich mich nunmehr auf gar nichts mehr verlassen, außer auf Moral, Glaube und Gesetze! Und ich hatte geglaubt, hier einen Leitfaden erarbeiten zu können davon, was wahr sei. Ihr aber nehmt mir fast alles, dem man trauen könnte!"

„Und es kommt noch schlimmer für Dich, mein lieber Freund!" ließ sich Sokrates vernehmen. „Wir haben doch soeben einvernehmlich festgestellt, dass die Wahrheit für alle Menschen gleich und zu allen Zeiten gleich sei?"

„Allerdings!"

„Wie steht es denn mit der Moral? War diese immer dieselbe, und ist sie in allen Ländern gleich?"

„Wohl kaum. Was früher ein Skandal war, ist heute traurige Normalität", entgegnete ich, Böses ahnend.

„Die Religion aber, ist diese überall und immer dieselbe?"

Seufzend: „Mitnichten!"

„Daher heißt sie auch *Glaube* und nicht *Wissen*. Und die Gesetze?"

Wieder aufseufzend musste ich einräumen: „Mein lieber Sokrates, die Gesetze werden in unseren Parlamenten geändert, wie das Wetter sich ändert. Sie sind in jedem Lande unterschiedlich, und zudem von früheren Gesetzen völlig verschieden, ja diesen oftmals sogar gegensätzlich."

„Es tut mir leid", sprach Sokrates, „aber es sieht leider so aus, dass wir bei unserer Wahrheitssuche an einen Punkt gelangt sind, von vorn anfangen zu müssen. Was Du, mein Lieber, als Wahrheit angesehen hast, ist leider als solche nicht haltbar, oder? Dennoch möchte ich nicht etwa den Eindruck erwecken, als sei ich gegen Moral, Glaube oder Gesetze eingestellt. Alle drei haben natürlich ihren Sinn. Dieser besteht darin, ein menschliches Zusammenleben überhaupt erst zu ermöglichen. Man könnte diese als Erfahrungswerte bezeichnen, die es möglich machen, dass Menschen innerhalb eines Kulturkreises, eines Staates, einer Zeit oder Bildungsart gemeinsam ihren Raum teilen. Da ja leider nicht alle Menschen die Wahrheit suchen, muss man zum

Beispiel in einem Staate einen Teil seiner Rechte abtreten, die man vielleicht in der Wildnis als Jäger und Sammler genösse. Das Gesetz hat daher den Charakter einer Konvention, zu der sich die Teilnehmer der jeweiligen Gruppierung verstehen, um zu etwa schlechte Menschen auszusondern, von Schandtaten abzuschrecken und sie möglicherweis durch Gefängnisse von der Allgemeinheit fernzuhalten, um die verbliebenen Rechte anderer Menschen nicht zu verletzen. Ähnlich verhält es sich mit Moral und Glaube, welche dazu da sind, die Menschen von allzu verderblichen Ausschweifungen abzuhalten, welche in der jeweiligen Gesellschaft als verfehlt oder gefährlich gelten. Sich an die drei Dinge zu halten, ist dementsprechend keineswegs falsch, sondern sogar notwendig. Die allgemeingültige Wahrheit wird man aber – nach der Definition, auf die wir uns soeben geeinigt haben – darin jeweils nicht finden. "

„Trotzdem darf man nicht den Fehler machen, und der Materie sämtliche Existenz absprechen", meinte Georg. „Die Dinge haben sicherlich eine gewisse Existenz an und für sich, nur vermitteln unsere Sinne die falsche Vorstellung davon, und wir können die Wahrheit hinter den Fassaden, die wir doch lediglich wahrnehmen, leider nicht ermitteln. Aber man muss einem Ding, welches eine Vorstellung hervorzurufen in der Lage ist, doch ohne Zweifel ein gewisses Sein zugestehen."

Arthur entgegnete: "Träume beispielweise rufen in uns häufig dieselben Vorstellungen hervor und haben somit für uns dieselbe Realität! Bei Licht betrachtet nämlich: Keine. Sie sind eine Gaukelei, eine Scheinwelt der belanglosen Schatten – genau wie das, was wir für unsere Wirklichkeit halten."

„Aber den Träumen fehlt es an einer Eigenschaft, die man den Dingen zuordnen muss, und das ist Substanz, sprich Materie. Die Träume sind des Morgens zerstoben wie Staub im Winde, wohingegen die Materie verbleibt, wenngleich von uns ihrem Wesen nach unerkannt", sagte Plotin[5].

„Dennoch wird etwa ein Japaner niemals zugestehen können, dass dieses Glas in meiner Hand existent ist, denn er hat es nie gesehen oder durch andere Sinne affiziert. Er wird zu recht sogar meine eigene Existenz bezweifeln können, da er mich nie gesehen hat. Was für mich dank meiner Vorstellung davon zu existieren scheint, ist für die Vorstellung der allermeisten Menschen schlichtweg nicht vorhanden, geschweige denn, in der Vorstellung vergangener oder zukünftiger

Menschen und mithin keine Realität oder Wahrheit."

„Ich gestehe hiermit meinen Irrtum ein", gestand ich, „nur noch meinen Sinnen trauen zu wollen. Dennoch erhellt unsere Diskussion bislang noch nicht, warum die Informationen aus Politik und Nachrichten immer so nebulös und mehrdeutig sind. Wir leben doch immerhin in einer Demokratie, da sollten sich doch sowohl Politiker als auch Presse der Wahrheit verschrieben haben, und uns nicht mit Fehlinformationen füttern, die überdies oftmals noch jedem gesunden Menschenverstand widersprechen!"

„Die Demokratie!" schnaubte Sokrates[6]. „Abgesehen von der Tyrannei ist dies die schlechteste aller Staatsformen!"

„Wie das?" fragte ich entrüstet. „Welche Staatform sollte denn besser sein? Woher kommt Dein Zorn auf die Demokratie?"

„Lass mich Dir hierzu zunächst ein paar Fragen stellen. Wenn Du ein Brötchen kaufen möchtest, zu wem gehst zu dann?"

„Zum Bäcker", sagte ich.

„Und warum?"

„Weil er bessere Brötchen backen kann als die meisten anderen."

„Warum aber kann er das?"

„Weil er in seiner Ausbildung gelernt hat, möglichst gute Brötchen zu backen."

„Recht so", sprach Sokrates. „Wenn Du aber eine Wurst kaufen möchtest, zu wem gehst Du dann und warum?"

„Ich würde zum Metzger gehen, denn er macht die besten Würste, weil er es gelernt hat."

„Ähnlich sähe es doch aus, müsstest Du zuhause ein paar Kabel verlegen lassen? Du gingest womöglich zum Elektriker?"

„Allerdings!"

„Wenn Du aber Deine Stadt, Dein Land oder Deinen Staat regieren lassen möchtest, zu wem gehst Du dann?"

Ich zögerte etwas: „Zum Politiker."

„Und warum?"

Hierauf wusste ich doch keine Antwort, rekrutierten sich doch unsere Politiker in der Regel hauptsächlich aus Lehrern, Rechtsanwälten und anderen Menschen, die genügend Zeit zur Politik hatten. Keiner von diesen hatte je die Politik erlernt.

„Wie Du siehst", führte Sokrates aus, „sind in der Demokratie keineswegs die am besten dafür geeigneten Menschen in den entsprechenden Positionen. Und es kommt noch schlimmer: In der Demokratie kommt man politisch nur weiter, wenn man rücksichtslos auf seinen Machtgewinn aus ist, und Mitbewerber möglichst skrupellos beiseite räumt. Hierzu macht man dann auch alle möglichen Versprechungen, die man niemals wird einhalten können, mit dem Ziel, die Menschen möchten einen darum wählen. Das bedeutet, nur die schlechtesten Menschen und größten Schreihälse kommen in der Demokratie vornehmlich durch Lügen nach oben. Im schlimmsten Falle nehmen sie noch Schmiergelder an oder andere Vorteile, wie sie unredliche Lobbyisten gewähren mögen, und die Korruption ist wohl eine der hässlichsten Fratzen in allen Staaten, auch in den Demokratien ist sie allzeit präsent. Wenn wir aber einen Staat möglichst gut verwaltet und geführt wissen möchten, werden wir seine Macht dann den schlechtesten Menschen, die überdies noch gar keine Voraussetzung oder Ausbildung zur Machtausübung haben, anvertrauen wollen?"

„Natürlich nicht!" rief ich aus. „Aber wie ginge es denn besser?"

„Zwei bessere Staatsformen sind sporadisch im Laufe der Weltgeschichte bereits aufgetaucht. Das eine ist die Aristokratie – ich nenne hier das alte Sparta als Beispiel, wenngleich dort die Vorzüge des Staates natürlich leider nur den freien Bürgern zugute kamen -, das andere die Regierung des weisen Monarchen. Bitte versteht mich richtig, ich singe hier keineswegs das hohe Lied der Monarchie. Denn in den allermeisten Fällen ist diese eben leider nicht durch den *weisen* Monarchen geleitet. Beide Staatsformen bergen ohnehin die Gefahr, dass sie allzu leicht in die schlechteste aller Staatsformen übergehen können, die Tyrannei, denn wie leicht kann sich der besonders mächtige Aristokrat zum Tyrannen aufschwingen, wie leicht der weise Monarch einen schlechten Nachfolger haben. Daher ist die beste Staatsform der Wächterstaat."

„Wächterstaat?" fragte David interessiert, „was hat es denn damit auf sich?"

„Die Wächter sind seit frühester Jugend dazu ausgesonderte und ausgebildete Frauen und Männer, gewandt in allen Wissenschaften wie Mathematik, Wirtschaftwissenschaften, Diplomatie und allen zur Regierung notwendigen Geschäften. Vor allen Dingen aber sind sie vertraut mit allen Themen der Ethik und Philosophie. Diese so vorzüglichen jungen Menschen müssen nach ihrer Ausbildung die Verantwortung im Staate übernehmen in Exekutive, Judikative und in gesetzterem Alter auch in der Legislative. Sie wachen bestmöglich über den Staat nach innen und außen, denn sie haben die ideale Ausbildung dazu. Anders ausgedrückt: Die Philosophen müssen den Staat leiten, nachdem Sie von Philosophen ausgebildet wurden. Das bedeutet auch, die ältesten und besten von Ihnen müssten die Ausbilder der jungen werden, nicht wie heute, wo die Lehrer nur aus Verlegenheit ihren Beruf ergreifen, da sie feststellen müssen, dass sie mit Ihrem Examen keine anderen Stellen bekommen. Das macht den Beruf des Lehrers eben nur noch zum Job, nicht zur Berufung. Folge ist, dass die Lehrer nur noch das notdürftigste zur Bildung der Kinder zu unternehmen bereit sind, und ohnehin die Kinder immer schlechter erzogen in die Schule kommen, da die Eltern immer weniger Zeit aufwenden, um ihre Kinder zu erziehen, sondern sie lieber acht Stunden am Tag vor den Fernseher setzen. Eltern, die ihren Kindern schon vorab eine geringe Bildung mitgeben möchten, wie ihnen beispielsweise das Lesen und Schreiben beibringen möchten, werden ermahnt, dieses nicht zu tun, damit die Kinder auch ja nicht aus der breiten, trüben Masse hervorstechen. Die Schulen aber verkommen immer mehr zu Erziehungsanstalten denn zu Bildungsanstalten. Das Schlimme daran aber ist, das zwar die Besten immer ihren Weg machen werden, aber die breite Masse immer weniger an Bildung erhält, da die Gleichmacherei in unserem Bildungssystem sich nur an den schlechtesten orientiert. Man denke nur an den Unsinn von Gesamtschulen u. ä.! Eliten sind in unserer Gesellschaft unerwünscht und erzeugen Sozialneid statt Bewunderung. Nur bemerken die Menschen nicht, dass gerade dieses System die Bildung einer immer kleiner werdenden Elite begünstigt, da wirklich nur noch die Klügsten und Reichsten den Wahnsinn unseres Bildungssystems gut ausgebildet überstehen, zum Beispiel in Privatschulen. Da lobe ich mir das gute, alte Gymnasium, früher Hort humanistischer Bildung, heute ein unpopuläres Auslaufmodell."

„Ein schöner Traum ist Dein Wächterstaat, lieber Sokrates", sprach da Arthur beschwichtigend. „Allein, die wenigsten Philosophen werden sich zu diesen Diensten bereitfinden."

„Im Übrigen hat unsere Regierung doch schon vor Jahren eine sogenannte Ethikkommission ins Leben gerufen, in welcher doch hoffentlich gut ausgebildete, ethisch und moralisch einwandfreie Menschen sitzen." wandte ich ein.

„Guter Gott!" rief Arthur aus. „Diese Schwätzer unterhalten sich ja nicht einmal über Ethik! Als Beispiel: Die Leute da unterhalten sich beispielsweise über Genmais. Dieses Thema steht aber doch wohl eher dem Mediziner an, der untersuchen sollte, ob das Zeug gesundheitsschädlich ist. Genmais als solcher ist doch wohl der Ethik nach weder gut oder schlecht. Die jeweilige Anwendung macht den Unterschied. Das ist, als frage man, ob ein Messer gut oder schlecht ist. Zum Zwiebelschneiden ist es gut, nutzt es der Meuchelmörder, ist es schlecht? Ich würde sagen, nicht das Messer ist gut oder schlecht, sondern der jeweilige Vorsatz oder die Tat. Ich habe nur zwei wirklich ethische Themen von diesen unerträglichen Sophisten vernommen, und das sind die Themen Abtreibung und Sterbehilfe. Was das erste Thema anbetrifft, so ist es aber für mich eigentlich die Frage, wozu dort eine Ethikkommission notwendig ist. Es ist und bleibt das Töten von Leben und somit Mord. Die Diskussion in der Allgemeinheit ist nur der Tatsache geschuldet, dass viele Mütter (Eltern) ihre Kinder aus den verschiedensten Gründen nicht mehr austragen möchten, sei es aufgrund einer Vergewaltigung, einer zu jungen Mutterschaft oder zumeist einer möglichen Behinderung des Kindes etc., mithin: Reine Selbstsucht. Angenommen, bei den zahllosen Möglichkeiten der Frühuntersuchung kommt das Ergebnis, ein Kind werde mit 50 prozentiger Wahrscheinlichkeit behindert. Dann ist es aber auch mit 50 prozentiger Wahrscheinlichkeit nicht behindert, was wir Menschen aber nicht wissen können. Ist es dann erlaubt, abzutreiben? Ist der Mord an einem Behinderten denn kein Mord? Zum Teufel mit allen Frühuntersuchungen, abgesehen von denen, die notwendig sind zum Schutze von Mutter und Kind, zum Teufel auch mit den Ängsten, die sie in jungen Eltern hervorrufen können, zum Teufel erst recht mit dem Profit, der mit diesem unethischen Unsinn gemacht wird! Beim Zweiten muss ich das Gegenteil feststellen: Wenn es die klare Entscheidung bei vollen Bewusstsein des betreffenden Kranken ist, so ist das Töten ein Akt der Humanität, und somit nicht als Mord zu bewerten."

Tomas fuhr auf: „Aber auch das Töten seiner selbst ist und bleibt das Töten eines menschlichen Wesens, was uns nach den zehn Geboten strengstens untersagt ist."

„Ich finde in der Bibel keinen Hinweis auf ein Verbot von Selbstmord. Würde Gott dies als Sünde sehen, wäre Jesus Christus sicher beredt

genug gewesen, dieses auch eindeutig kundzu-
tun." Beharrte Arthur. „Die Sterbehilfe ist aus
meiner Sicht nichts anderes, als jemanden zu un-
terstützen, in Würde und aufrecht zu sterben. Bei
den Römern haben Vertraute dem Sterbewilli-
gen das Schwert gehalten oder das Gift gereicht,
bei den Japanern stand sogar jemand hinter demjenigen, der Seppuku begehen mochte, und
schlug ihm den Kopf ab, wenn das Leiden zu
groß ward. Ansonsten würde ich meinen, der
Sterbewillige und dessen Angehörige oder Ärzte
sollten selbst die Entscheidung treffen, ob man
sich versündigen möchte, falls es denn eine
Sünde wäre. Eine Ethikkommission benötigt
man hierzu jedenfalls nicht. Diese ist überhaupt
nur der Angst der Politik vor unpopulären,
schwierigen Entscheidungen zu verdanken, zu
denen die Politiker weder die Ausbildung, noch
die ethische Festigkeit, noch den nötigen Intel-
lekt haben. Sie verstecken sich hinter ihren Rat-
gebern. Ein Gesetz gegen die Sterbehilfe oder zur
Legalisierung der Abtreibung ist mit Sicherheit
keine ethische Wahrheit sondern eben nur: Ein
Gesetz. Es ist der jeweiligen Mode geschuldet,
der unmoralischen und unethischen Meinung
der breiten Masse."

Hier meldete sich Immanuel[7] zu Wort: „Ähnlich
verhält es sich mit der Aufnahme von Fremden,

Flüchtlingen und Asylanten. Ein Besitz an etwas kann einem Menschen nur privat zukommen, wenn er oder seine Familie in der Vergangenheit etwas erworben hat, in unserem Falle Grund und Boden. Ein Besucher etwa genießt das Gastrecht, das aus einer Einladung erwachsen ist, und es ist nicht redlich, ihm etwas zuleide zu tun, oder ihn nach kurzer Frist wieder des Hauses zu verweisen, sondern es ist für einen Gastgeber üblich, zu warten, bis der Gast wieder gehen möchte, solange dieser es nicht übertreibt. Auf staatlicher Ebene genießen dementsprechend beispielsweise auch Gastarbeiter, die man hergebeten hat, das Gastrecht, solange sie sich nicht gegen den Staat und dessen Bürger wenden. Der Boden des Staates hingegen gehört niemandem, er wird durch den jeweiligen Staat nur verwaltet. Somit steht auch jedem anderen Weltbürger der Besuch des Staates frei, sei es zu geschäftlichem oder privatem Zwecke. Dieses ist das Hospitalitätsrecht, das sich vom Gastrecht dadurch unterscheidet, das es auch ohne Einladung in Anspruch genommen werden darf. Jeder Fremde soll sich in einem Staate bewegen können, ohne Feindlichkeit befürchten zu müssen. Es handelt sich um ein Besuchsrecht. Nach dem Völkerrecht steht zusätzlich noch jedem ein Asylrecht zu, sofern er in seiner Heimat an Leib und Leben bedroht wird. Hierbei handelt es sich um eine Konvention der Staaten untereinander, mithin um eine vertragliche Vereinbarung. Ein Bleiberecht entsteht hierdurch allerdings nicht. Dieses kann nur erbeten werden aufgrund des gemeinschaftlichen Besitzes der Erde, es kann aber abgewiesen werden, sofern es nicht zum Tode oder der Versehrtheit des Betreffenden führt, wenn der betreffende Staat in dem Bittenden keinen Nutzen für seine Gesellschaft erkennt oder gar eine Gefahr. Anders ausgedrückt dürfen etwa Asylanträge abgelehnt werden, sofern keine Gefahr besteht, dass die Betroffenen bei Ausweisung zu Schaden kommen, wenn etwa ein Bürgerkrieg beendet wurde, oder auch kriminelle Elemente in sichere Gefilde ausgewiesen werden. Dies ist, wohlgemerkt, eine Ermessensfrage des jeweiligen Staates und mithin in einer Demokratie für seine Bürger. Man kann wohl fragen, ob es beispielsweise für einen Staat mit alternder Bevölkerung nützlich ist, beliebig viele Fremde aufzunehmen ungeachtet ihres persönlichen Wertes für den Staat, oder ob man die Zuwanderung begrenzen sollte auf nützliche Personen, oder aber dauerhafte Zuwanderung gänzlich ablehnt. Dies ist Entscheidung der jeweiligen Bevölkerung, die etwa auch abwägen muss, ob hinreichend Mittel zur menschenwürdigen Versorgung der Ankömmlinge zur Verfügung gestellt werden sollen oder auch können." Er schenkte sich noch etwas Wein nach. „Eine Ethikkommission ist hierfür, wie überall, nicht notwendig, eher schon ein Volksentscheid. Ist dieses Bleiberecht aber ausgesprochen worden, so sollen die Zugewanderten auch wie Bürger des Staates behandelt werden, da sie sich für ein Leben im jeweiligen Staate entschieden haben. Sie sollten auch Staatsbürger sein dürfen. Einer absolut überflüssigen doppelten Staatsbürgerschaft jedoch bedürfen sie natürlich nicht, wiederum liegt es im Ermessen des Staates – in einer Demokratie letztlich seiner Bevölkerung, die ja ihre Vertreter wählt -, diesen Unsinn mitzumachen oder abzulehnen."

„Und der Wille der Bevölkerung hängt in der Demokratie letzten Endes immer davon ab, wer die lauteste und wirksamste Propaganda macht. Der lauteste Marktschreier hat auch die meisten Kunden!" Vervollständigte Sokrates. „Apropos: Ich bin im Übrigen der Meinung, man solle es mit den Volksentscheiden nicht übertreiben. Die meisten Bürger haben nicht genug Interesse und Informationen, um an den wichtigen Entscheidungen konstruktiv mitarbeiten zu können. Daher haben sie ja auch Vertreter gewählt, deren

Aufgabe es ist, sich mit diesen Themen zu beschäftigen, was ja gerade der Sinn der Demokratie ist. Deshalb haben auch nur wenige eine klare Meinung hinsichtlich der meisten politischen Problemfälle, die meisten würden wohl gar nicht zu einer solchen Wahl gehen außer bei den allerwichtigsten Fragen, deren Wahlmöglichkeiten hinreichend und verständlich publiziert wurden. Nur einige wenige mit wie auch immer geartetem Interesse an der jeweiligen Fragestellung würden im Normalfall wählen gehen, doch leben wir ja schließlich nicht in einer Räterepublik. Wer also ständige Volksentscheide als Krone der Demokratie fordert, der hat den Sinn der Demokratie nicht verstanden. Man wählt ja seine Volksvertreter, um eben nicht selber alle Entscheidungen treffen zu müssen. Der Volksentscheid ist letztendlich nur ein weiterer Beweis, wie schlecht eine Demokratie funktioniert."

„Nun habt Ihr mir auch noch den Glauben in unsere Demokratie genommen. Aber was bleibt uns denn dann an Wahrheit übrig?" Rief ich schaudernd aus.

Nun mischte sich Rene[8] in unsere Unterhaltung ein: „Bislang habt Ihr mit allem Recht, und ich kann keinen Fehler in Euren Erörterungen erkennen, den durch die Sinne vermittelten Vorstellungen ihren Wahrheitsgehalt hinsichtlich des wirklichen Seins abzusprechen. Ich habe mir aber schon früher überlegt, dass es auch eine unumstößliche Wahrheit geben muss. Hierzu habe ich einfach alle Vorstellungen der Außenwelt weggedacht, ich verschloss meine Ohren, Augen, Nase, dem Munde bot ich keine Speise, und meinem Körper verbot ich das Tasten. Was blieb dann übrig? Ich erkannte, dass ich selbst da war, existent war, weil ich mir eine Vorstellung von mir selber bildete: Ich erkannte mich als denkendes Wesen. Und diese Erkenntnis war für mich unverrückbar, dass ich ein denkendes Wesen bin, wenn immer ich mich selber denke. Denn was sich selber denkt, kann nicht nichtexistent sein. Cogito ergo sum, ich denke also bin ich, sagte ich mir. Dieses war meine erste und wichtigste Erkenntnis, um auf dem Wege der Wahrheit weiterzuschreiten. Oder was meint Ihr dazu?"

Alle pflichteten ihm bei.

Daher sagte Sokrates: „So haben wir denn einen Punkt gefunden, der uns im Folgenden unverrückbar als Wahrheit feststehen muss: Wir sind da! Ferner: Wir sind existieren, weil wir uns selber erkennen und vorstellen können als denkende Wesen. Wir können uns hierfür sogar einen Begriff bilden. Dies ist der Begriff „Mensch". Ist das denn nichts?"

Es war schon spät geworden, daher war ich glücklich, wenigstens einen Punkt in unserer Diskussion zu vernehmen, auf den ich mich fürderhin verlassen konnte. Daher beschloss ich, den Reigen nun zu beenden:

„Ich bin froh, dass ich mich wenigstens selber als Wahrheit ansehen darf. Aber nun bin ich für heute bedient! Lasst uns morgen in dieser Runde weitermachen, ich hoffe, Ihr kommt noch auf mehr Wahrheiten. Denn dass ich selbst die einzige Wahrheit bin, sofern ich mich denke, mag ich nicht akzeptieren."

Meine Freunde verabschiedeten sich herzlich einer nach dem anderen, und ich ging gedankenschwangeren Herzens in Bett. Dennoch nahm ich mir fest vor, am nächsten Tage zusammen mit meinen Freunden noch mehr herauszufinden. Außerdem hatte es Spaß gemacht, wie ich mir insgeheim eingestehen musste. Die Jungs hatten mehr drauf, als ich erwartet hatte, und ich freute mich darüber, solche Freunde zu haben.

Tag 2: Weitere Wahrheiten

„Nun, da wir die Büchse der Pandora geöffnet haben, haben wir viel Verzweiflung gefunden, aber immerhin verbarg sich unten auch ein wenig Hoffnung darin." sagte Sokrates, als wir uns am nächsten Abend wiedertrafen. Einer fehlte, nämlich David, der vorgab, sich eine Grippe eingefangen zu haben. „Wir haben immerhin gefunden, dass wir selber unbezweifelbar als Menschen, im eigentlichen Sinne aber als menschlicher Geist existieren, denn selbst von unserem eigenen Körper können wir mittels unserer Sinne keine wahre Vorstellung bilden, sondern schauen, ertasten etc. immer nur seine Oberfläche, nicht den Körper an und für sich. Aber immerhin, wenn das nichts ist, unzweifelhaft zu existieren! Bevor wir uns jedoch weiter auf die Suche nach Wahrheiten machen, würde ich gerne sicherstellen, dass wir ferner die Begriffe im selben Sinne benutzen werden. Was sind wir Menschen überhaupt?"

Ich sprach: „Nun ja, wir haben zwei Beine, zwei Arme, einen Kopf…"

Darauf wusste Aristoteles[9] zu entgegnen: „ Also bitte, das haben die Affen auch, wie überhaupt, soweit ich weiß, so ziemlich die meisten Säugetiere und sicherlich auch noch viele andere Tiere gleichermaßen. Das kann daher keine Definition der Gattung Mensch sein! Was unterscheidet uns denn von jenen? Wir sollten uns selbst schon eindeutig zu definieren in der Lage sein! "

Darauf meldete sich endlich Immanuel[10] zu Wort: „Es sind nicht die körperlichen Voraussetzungen, die uns vom Tiere unterscheiden, sondern die geistigen. Und auch hier müssen wir unterscheiden: Den Verstand, das ist die Aufnahmefähigkeit der durch die Sinne vermittelten Vorstellungen, den besitzt wohl jedes Tier. Gesetzt, man würde einem Affen zwei Klappen zum Drücken überlassen, aus der einen käme immer eine Banane, aus der anderen aber nichts, so würde er bei Hunger wohl immer diejenige drücken, bei deren Betätigung die Banane herauskommt. Das ist exakt die Funktionsweise unseres Verstandes, auch wenn der menschliche vielleicht etwas komplexer ist. Wir Menschen aber besitzen zusätzlich noch etwas, das wir Vernunft nennen. Die Vernunft nun wieder ermöglicht es uns, neben den einfachen Verstandesleistungen auch noch zusätzlich die durch die Sinne erworbenen Erkenntnisse weiterzuverarbeiten, beispielsweise, um deren wiederholtes Auftreten in Form von Naturgesetzen, Mathematik oder Geometrie zu deuten, aber auch, Begriffe zu bilden, die keineswegs durch die fünf Sinne gewonnen werden können, wie beispielsweise die Begriffe: Unendlichkeit, Tugend oder Gott. Ich nenne diese Begriffe transzendent. Die Vernunft ist es also, wodurch wir uns vom Tiere unterscheiden." Alle stimmten ihm einhellig zu.

„Man könnte den Menschen daher wohl als vernunftbegabtes Sinnenwesen beschreiben. Dies scheint die Definition zu sein, die es am ehesten trifft, denn wir sind sowohl in der intelligiblen, als auch in der körperlichen Welt zu Hause", befand Aristoteles. Keiner wagte zu widersprechen.

„Vernunft!", warf ich ein. „ Wenn wir doch gestern festgestellt haben, das die Religion nicht zu den Wahrheiten gehört, wie kannst Du, Immanuel, dann Gott als Ergebnis der transzendentalen Vernunft hinzustellen? Wenn die Religionen nicht Wahrheit sind, wie kannst Du behaupten, dass Gott existiere? Wäre er somit nicht Vorstellung, nicht aus der Anschauung entnommen, sondern aus der Vernunft?"

Plotin überlegte: "In der griechischen Bibel steht bereits: Εν αρχη ην ο λογος και ο λογος ην προς τον θεον. Και ο λογος ην ο θεος[11]. Martin Luther hat es übersetzt mit: Am Anfang war das Wort, und das Wort war bei Gott. Und Gott war das

Wort. Indes ist die griechische Bedeutung des Wortes Logos doppeldeutig, es bedeutet Wort und auch Vernunft. Könnte Martin Luther vielleicht unzureichend übersetzt haben, und die wahre Bedeutung hieße: Am Anfang war die Vernunft, und die Vernunft war bei Gott, und die Vernunft war Gott? Demgemäß wäre Gott selbst die Vernunft. Aber gibt es nicht auch einen etwas handgreiflicheren Beweis für die Existenz Gottes?"

Arthur entgegnete daraufhin: „ Also, weißt Du, wir bewegen uns ja hier auf unserer Erde im Rahmen der Kausalität. Eine Ursache hat ihre Wirkung, oder? Eine Wirkung ohne Ursache ist nicht vorstellbar, und daher..."

An der Stelle wurde Tomas, der immer schon besonders religiös, wenn auch nicht besonders gesprächig war, regelrecht vogelwild: "Liebe Freunde, dass Gott nur eine Vorstellung ist, ist absolut unvorstellbar. Nehmen wir den heutigen Zustand der Welt als Beispiel; Der gestrige ist auf jeden Fall Ursache des heutigen. So ist jeder Vorzustand der Welt Ursache des folgenden. Verfolgt man diese Myriaden Zustände zurück bis zum Urknall, dann folgt darin ein Bruch. Denn vor dem Urknall gab es keinen Raum, es war ja alles, was da war, Singularität. Mithin gab es auch keine Zeit, denn ohne Raum keine Zeit, ist doch die Zeit eine Folge der Bewegung von A nach B. Gibt es aber kein A und B, so ist auch keine Zeitangabe möglich, in der eine Bewegung von A nach B stattfinden solle. Dementsprechend ist auch vor dem Urknall keine Zeit oder „Raumzeit" möglich, wie man heute in der Physik sagt. Mithin ist aber physikalisch auch keine Möglichkeit vorhanden, eine Galaxie zu schaffen, denn die Ursache ist immer zeitlich vor der Wirkung. Gibt es aber keine Zeit, kann auch keine Ursache, Wirkung oder mithin Schöpfung vorhanden sein. Somit benötigen wir für die Entstehung eines Alls einen Schöpfergott, der außerhalb der Zeit steht, daher notwendigerweise ewig ist, um dieses All überhaupt entstehen lassen zu können. Er muss nämlich vorher existieren, außerhalb von Raum und Zeit, um dieses All des Raumes und der Zeit überhaupt hervorzurufen zu können... Man nennt dies den Beweis des ersten Bewegers[12]."

„Du hast richtig gesprochen, und so haben wir eine zweite Wahrheit gefunden", freute sich Sokrates. „Also ist auch Gott offensichtlich eine Wahrheit. Wie einfach man doch manchmal der Wahrheit näher kommen kann!"

„Im Übrigen", fuhr Tomas fort, „setzen wir in der christlichen Glaubensphilosophie die Seele gleich der Vernunft! Und unsere Seele ist Abbild der göttlichen Seele, sprich Vernunft."

Darauf Arthur:" Wie immer man es nennen mag, ein ursprünglicher Schöpfer ist aus der Logik heraus unbedingt erforderlich. Ich selber habe darin jedoch den Willen erkannt, namentlich den Weltenwillen zum Sein, in dessen Erkenntnis auch die platonischen Ideen existieren, sprich die Kategorien, Arten oder Gattungen, oder Begriffe, welche Dir, lieber Aristoteles, und Dir, lieber Sokrates, immer so am Herzen liegen. Der menschliche Geist entsteht somit aus der Individuation, einer Absonderung des Weltwillens zur Verwirklichung des Individuums."

Plotin sprach indessen: „Deine Beobachtung ist ziemlich ähnlich der meinen, denn ich nenne Deinen Weltenwillen eine Weltseele."

Arthur aber meinte: „Die Begriffe aber, ich erinnere an das Beispiel des Glases Wein von gestern, sind für alle Menschen dieselben, nämlich in unserem Falle die Begriffe oder die Ideen des Glases und des Weines. Die Ideen des Glases und des Weines sind also für alle Menschen zu allen Zeiten gleich. Dieses gilt natürlich für alle anderen Begriffe und Ideen analog. Sollte ein Begriff erst ab einem bestimmten Zeitpunkt der Menschheit präsent gewesen sein, etwa durch eine neue Erfindung, so tut dieses nichts zur Sache. Nehmen wir die Erfindung des Rades! Das Rad hat sicherlich als Begriff in die menschlichen Sprachen erst nach seiner Erfindung Einlass gefunden. Dennoch war es als Idee schon immer vorhanden, nämlich in der Idee des Weltenwillens zum Sein – oder Gottes, wenn Euch das lieber ist."

Sokrates bedankte sich bei Arthur, indem er sprach: „So scheinen wir wieder eine Wahrheit gefunden zu haben, nämlich die Begriffe, sprich Ideen, die hinter der scheinbaren Welt zu finden sind. Sie sind göttlichen Ursprungs, und neue werden beizeiten dem Menschen mitgeteilt oder von besonders genialen Menschen gefunden, um die Entwicklung der Welt bestimmungsgemäß voranzutreiben."

Arthur fuhr fort: „Wenn aber Ursache und Wirkung in unserer Welt eine Realität haben sollten, dann ist auch folgender Gedanke unausweichlich: Jeder Zustand unserer Welt ist notwendig!"

„Natürlich!", sagte Tomas daraufhin, „jeder Zustand der Erde ist vom vorherigen ableitbar."

„Das sollten wir aber untersuchen", meinte Sokrates. „hieße es doch, dass nicht nur physikalisch – was heute unschwer zu verstehen ist - alles dem Kausalitätsprinzip unterliegt, sonder auch psychisch. Denn des Menschen Gedanken sind doch angeblich frei, heißt es... er trifft willkürliche Entscheidungen, aus denen willkürliche Handlungen und wiederum ebenfalls letztlich willkürliche Wirkungen entstehen müssten. Wirkungen, die aus dem freien Willen hervorgehen, wären aber nicht notwendig, sondern der Mensch entscheidet über ihr Auftreten oder Ausbleiben."

„Nun", sprach Arthur, „Zweifelsohne sind des Menschen Gedanken keineswegs frei. Sie sind durch die verschiedensten Bedingungen vorbestimmt. Man stelle sich nur vor, Julius Cäsar hätte am Rubikon haltgemacht, und wäre entmutigt wieder zurück nach Gallien gezogen. Dieses hätte mit ziemlicher Sicherheit nicht nur seinen schnellen Tod oder Verbannung zur Folge gehabt, sondern insbesondere die Zukunft enorm verändert. Dieses war aber nicht möglich, denn seine Entscheidung lag schon immer fest. Cäsar traf somit eine nur scheinbar freie Entscheidung, den Rubikon zu überschreiten. In Wahrheit hatte er gar keine andere Möglichkeit. Denn sein Charakter, seine Erziehung, seine Informationen, seine Machtgier, seine Notlage etc., mithin sein vorherbestimmter eigener Wille zwangen ihn zu dieser Entscheidung. Dass des Menschen Gedanken frei sind, ist eine Illusion."

„Eine Schwäche meine ich aber noch in Deiner Argumentation zu finden", fiel mir darauf ein. „Wenn des Menschen Gedanken nicht frei sind, dann wäre menschliches Fehlverhalten auch nicht strafbar. Angenommen, jemand beginge einen Mord! Er konnte ja gar nicht anders, als das Opfer zu töten, da ja alles bereits vorherbestimmt war. Es war ja nicht seine freie Entscheidung!"

„In der Tat war seine Handlung vorherbestimmt, eine konsequente Folge vorheriger Ursachen. Dennoch enthebt es ihn nicht der Verantwortung für seine Untat. Denn jeder Mensch hat die Möglichkeit, mit Hilfe der Tugend seinen schlechten Charakter zu bessern, was jener aber verabsäumt hat. Dieses führte zu seiner tödlichen Entscheidung, für welche er die volle Verantwortung trägt, auch wenn seine Tat nur eine Folge von vielen vorherigen Kausalitäten war, unter anderem des Grundes, dass es er versäumte, ein besserer Mensch zu werden. Was wiederum natürlich seine Gründe hatte. Es ist und bleibt aber sein eigener, strafbarer, wenngleich vorbestimmter Wille."

Sokrates meldete sich nun zu Wort: „Hinsichtlich der Bestrafungen möchte ich gerne einwerfen, dass es mich sehr interessieren würde, wie eine gerechte Bestrafung auszusehen habe."

Tomas meinte dazu: „Im Alten Testament steht der Satz: Aug' um Auge, Zahn um Zahn. Scheint euch das nicht gerecht zu sein, eine Untat mit gleicher Münze heimzuzahlen? Allerdings predigte uns Christus zu recht ja auch Nachsicht und Barmherzigkeit. Ich bin mir nicht sicher, wie hier zu verfahren ist."

„Lieber Tomas", sprach Sokrates, „wenn ein Kind Unfug macht, sollte es sicherlich bestraft werden im Sinne einer guten Erziehung. Aber angenommen, es zerschlägt Mutters Geschirr, sollte man ihm dann im Gegenzug sein Spielzeug zerschlagen?"

„Sicher nicht! Dies wäre eine weitaus zu strenge Bestrafung. Bei Kindern sollte man die Bestrafung sicherlich auf ein Maß reduzieren, das ausreicht, das Kind davon abzuhalten, ähnliches erneut zu tun, aber nicht darüber hinausgehen."

„Bei der Bestrafung steht also die Erziehung des Kindes im Vordergrund? Nicht aber die Strafe selbst?"

„Natürlich!"

Da fuhr Sokrates fort: „Bei erwachsenen Straftätern, sollte da aber nicht auch die Strafe den Täter möglichst zum Besseren erziehen?"

Ich antwortete ihm: „Mein Sokrates, das schon. Aber es gibt zweifelsohne noch weitere Kriterien, die ein gerechter Richter zu berücksichtigen hat."

„Halt ein!" rief Sokrates. „Hier müssen wir leider kurz abschweifen! Wer ist denn nun plötzlich der gerechte Richter?"

„Der Richter ist dann gerecht, wenn er sich in gerechter Weise der Gesetze bedient, um eine gerechte Strafe aussprechen zu können."

„Demzufolge wäre also nicht unbedingt der gerechte Richter immer gerecht, sofern er sich nämlich ungerechter Gesetze bedienen muss!"

Ich dachte kurz nach: „Das stimmt. Auch der gerechteste Richter taugt nichts, wenn die Gesetzeslage, nach der er richten muss, es nicht ist. Denn er muss sich ja den Gesetzen beugen."

„Somit sollten also die Gesetze gerecht sein, um dem gerechten Richter zu ermöglichen, gerechte Urteile zu fällen?"

„Unbedingt!"

„Schauen wir uns nun einmal zwei recht entgegengesetzte Strafbücher an, nämlich unsere westlichen Strafgesetzbücher und die islamische Scharia, die ja unterschiedlicher nicht sein könnten – und wir haben ja bereits beide als nicht wahr in unserem Sinne erkannt, wenn auch im jeweiligen Kulturkreis als verbindlich. Ist es nicht so, dass wir oft den Eindruck haben, unsere Strafgesetze seien gegenüber den Bestraften zu nachlässig?"

„Durchaus. Wenn etwa manche brutalen Gewalttäter Leute krankenhausreif schlagen, und dann mit geringsten Strafen von dannen gehen, ist dieses manchmal nur schwer erträglich."

„Warum nur?"

Ich überlegte kurz. „Zum einen, so scheint mir, ist der Erziehungseffekt nicht mehr gewährleistet. Ich meine aber auch, dass Strafen dazu da sein sollten, einerseits andere gleichgeartete Unmenschen davon abzuhalten, ähnlich zu handeln, und dass andererseits die Bevölkerung vor diesen Subjekten zumindest solange geschützt werden sollte, bis der durch die Strafe bezweckte Erziehungseffekt eingetreten ist, und die Delinquenten sich anständig aufzuführen wissen."

„In der Scharia aber ist diese Nachlässigkeit bei weitem nicht so sehr ausgeprägt. Ich las unlängst, dass etwa einem Dieb die Hände abgehackt werden können... Ist uns diese Rechtsprechung denn sympathischer?"

„Nicht wirklich. Auch wenn es gewährleistet scheint, dass ein gewisser Erziehungseffekt zumindest dadurch zu erwarten ist, dass der Bestrafte niemals wieder ein Taschendieb wird, auch vielleicht andere vom Diebstahl abgehalten werden, und die Bevölkerung vor einem erneuten Diebstahl geschützt wird, erscheint uns dies als zu hart, ja barbarisch. Es steht jedenfalls in keinem Verhältnis zu der begangenen Straftat, auch wenn der Sinn der Bestrafung erreicht wird."

„Warum aber erscheint uns dieses barbarisch, obschon doch der Sinn der Bestrafung erreicht wird? Angenommen, jemand schlägt einem Anderen im Streit ein Auge aus, und der Richter befiehlt, ihm seinerseits ein Auge auszustechen?"

Hierauf wusste ich keine Antwort, doch Arthur kam mir zur Hilfe: "Mein lieber Sokrates, ich denke, es liegt daran, dass wir ein solches Urteil als reine, unangemessene Rache empfinden. Es muss etwas mit gleicher Münze oder gar schlimmer heimgezahlt werden. Da wir selbst aber die Rachgier als ethisch und moralisch verwerflich sehen, kann auch ein solches Urteil nicht ohne Einwände bleiben. Somit bleiben als Kriterien für eine gerechte Strafgesetzgebung und mithin auch für ein gerechtes Urteil die vier Elemente

Erziehungseffekt, Abschreckung, Schutz der Bevölkerung und Angemessenheit. Erst wenn diese vier Kriterien erfüllt sind, darf man von einem gerechten Gesetz sprechen, das es einem gerechten Richter ermöglicht, gerechte Strafen auszusprechen. Die Angemessenheit aber ist dann gegeben, wenn durch das Urteil die ersten drei Kriterien erfüllt sind, und damit ist die Angemessenheit eigentlich bereits in den ersten dreien enthalten. Man darf die Strafe nicht über das zum Erreichen der ersten drei Kriterien notwendige Maß hinaus ausüben. Nebenbei bemerkt, ist deswegen auch eine Todesstrafe niemals gerecht, denn sie nimmt dem Bestraften die Möglichkeit, sich zu bessern, was aber Sinn einer gerechten Strafe gewesen wäre. Ein Leichnam hat keine Möglichkeit mehr, sich zu bessern. Im Übrigen bietet ein Todesurteil auch keine Möglichkeit, eventuelle Justizirrtümer auszugleichen, die ja immer mal wieder auftreten, denn Richterund Polizisten sind ja nur Menschen und daher fehlbar. Manchmal tauchen Beweise oder Zeugen erst weit nach der Gerichtsverhandlung auf und werfen ein neues Licht auf den Fall. Ferner bin ich persönlich der Ansicht, dass wir in unserer Geschichte eine genügende Anzahl an Henkern gehabt haben, denn wir müssen ja auch jemanden bewegen, die Todesurteile auszuüben, und ich bezweifle, dass dieses, wenngleich gesetzlich vorgeschriebene, Töten von Menschen beim Henker eine Verbesserung des Charakters bewirkt, oder auch bei demjenigen, der das Urteil auszusprechen hat, der sozusagen Herr über Leben und Tod eines Menschen wird. Davon abgesehen: Wird aber ein Urteil auf lebenslängliche Haftstrafe lauten, weil man einerseits dem Täter in Abrede stellt, sich je bessern zu können, und andererseits die Bevölkerung vor seinen Umtrieben geschützt bleiben soll, so bedeute lebenslänglich auch lebenslänglich. Es gibt leider Menschen, die man nicht auf die Allgemeinheit loslassen darf. In allen anderen Fällen wären aus meiner Sicht nicht befristete Haftstrafen sinnvoll, und die Straftäter dann zu entlassen, wenn der Besserungseffekt nachweisbar eingetreten ist, was allerdings auch eine ununterbrochene Erziehung und permanente Überprüfung der Häftlinge voraussetzen würde. Womit wir bei einem wichtigen Punkt wären, warum so viele Straftäter rückfällig werden. Sie werden lediglich eingesperrt, aber nicht während ihrer Haft zum Guten erzogen. Ist die Haftstrafe abgesessen, machen sie so weiter wie zuvor, da sie sich mangels Erziehung nicht zum Guten weiterentwickeln konnten. Dies ist es, was unseren Strafanstalten in erster Linie fehlt. Gesetze wie auch Strafen

aber seien zwar streng, jedoch niemals un-
menschlich."

„Das leuchtet mir ein. Ich möchte aber noch einmal zu dem Punkte zurückkommen, wo wir fest-
stellten, dass alles notwendiger Weise geschehe.
Das hieße aber ferner auch, dass es keinerlei *möglich* gibt, sondern *nur* ein notwendig", sagte ich.

„Eine Möglichkeit von Tatsachen oder den Zu-
fall gibt es in der Tat nicht", sagte Arthur, „Was
wir Menschen als möglich oder wahrscheinlich
verstehen, ist nur unserem beschränkten Verständnis um die Dinge zu verdanken. Albert Ein-
stein hat völlig zu recht gesagt: Gott würfelt
nicht! Dieses bezog sich auf die Quantenmecha-
nik, etwa Heisenbergs Unschärferelation. Man
kann ein Teilchen nicht beobachten, und gleich-
zeitig seinen Impuls (Geschwindigkeit, Masse,
Ort und Richtung) voraussagen, weil die Beobachtung etwa durch ein Elektronenrastermik-
roskop den Zustand des Teilchens bereits verändert. Daher kann man bestimmte Phänomene
nur statistisch voraussagen. Das ist aber nur unserer mangelhaften eigenen Beobachtungsgabe
oder – in diesem Falle - der Auflösung unseres
Auges zu verdanken. Nehmen wir ein einfache-
res Beispiel: Wir Menschen bezeichnen die
Wahrscheinlichkeit beim Würfeln, eine Sechs zu
werfen, als 1:5. Einem positiven Ergebnis stehen

fünf negative entgegen. Die Wahrscheinlichkeit ist demnach ein Sechstel. In Wahrheit dürfte das Ergebnis des Wurfes aber feststehen, sobald der Würfel die Hand verlassen hat. Uns fehlen lediglich die Informationen bezüglich der Auswirkung von eventuellen Unebenheiten des Tisches, unausgewogenen Seiten des Würfels, seines genauen physikalischen Impulses und ähnlichem. Wären wir in der Lage, dieses alles zu kennen und zu berechnen, könnten wir jeden Würfelwurf exakt voraussagen. Somit ist die ganze Wahrscheinlichkeitsrechnung nicht mehr als ein Hilfsmittel, Ereignisse, deren Ausgang wir aufgrund unserer beschränkten Auffassungsgabe nicht vorhersagen können, einzuordnen, und daraufhin unsere Handlungsweise abzustimmen. Ziel ist es, möglichst selten zu irren. Eine Möglichkeit gibt es dementsprechend nur im abstrakten Denken, nie als Gültigkeit für den Einzelfall. Denke ich etwa: Alle Blumen können verdorren. So beschreibt dieses eine nur abstrakte Möglichkeit und tut nichts zur Sache. Durch den Zusatz: Ich gieße meine Blume nicht, folgt dann aber der unweigerliche, notwendige Schluss: Meine Blume verdorrt. Das bedeutet, dass aus der abstrakten, rein intellektuellen Möglichkeit mittels der entsprechenden Ursache eine notwendige Wirkung im Einzelnen entstanden ist aus der

Verkettung aller Notwendigkeiten seit dem Anfang aller Dinge. Was also in unserer körperlichen Welt als real erscheint, war auch möglich und notwendig, was nicht als Tatsache auftaucht, war somit, da keine Ursachen dafür vorlagen, auch nicht möglich."

Seneca[13] fuhr daraufhin fort:" Und dieses führt bei uns Menschen häufig zum Hadern mit dem Schicksal, da die erwarteten Ergebnisse nicht eingetreten sind, und doch die unwahrscheinlicheren auftraten, mit deren Eintreten man aber von Anfang an hätte rechnen können, ja müssen, hätte man nur alle Ursachen richtig erkennen können."

Ich zweifelte noch: „Wenn Gott aber existiert, der doch alles vom Urknall bis heute so notwendig eingerichtet und vorhergesehen hat, wie kann er dann all das Elend wie Kriege, Krankheiten, Naturkatastrophen und ähnliches zulassen, oder anders, warum hat er dies so eingerichtet?"

„Von einem Katholiken hätte ich diese Frage nicht erwartet", kritisierte Arthur. „Eher von einem Protestanten oder Muslim, denn diese Religionen sind positivistisch. Man lehrt: Unsere Welt ist, da von Gott gemacht, die beste aller möglichen. Katholiken und Juden sollten dies besser wissen. Im Alten Testament steht eindeutig, dass die beste aller möglichen Welten das Paradies war. Aus diesem sind die Menschen aber aufgrund der Erbsünde vertrieben worden. Unsere Welt der Kausalität ist somit eine Bestrafung. Unsere Welt ist nicht die bestmögliche, sondern sie hätte schlechter nicht sein dürfen, wollte Gott dem Menschen auf ihr das Überleben ermöglichen. Dem Protestanten oder Muslim fehlen diese Erkenntnisse des Alten Testamentes, das sie ja weitgehend ablehnen, daher sind diese an dieser Stelle auch in Erklärungsnot, denn sie erkennen die Erbsünde nicht an."

„Die Erbsünde ist aber doch das Essen eines Apfels vom Baum der Erkenntnis, was Gott zuvor verboten hatte. Was hat es denn genau damit auf sich?" fragte ich.

„Gott verbot dem Menschen das Essen des Apfels vom Baum der Erkenntnis aus gutem Grunde, denn damit erkannte dieser seinen eigenen Willen zum Sein. Er war Gott ungehorsam und bildete somit den eigenen Willen zur Individuation. Er musste somit aus dem Paradies, das nur den Weltenwillen tragen kann - denn es ist ja nicht körperlich sondern rein intelligibel -, verbannt werden in unsere körperliche Welt der Kausalität, zur selbstgewollten Strafe. Hierbei steht der Ungehorsam gegenüber Gott sinnbildlich für den Willen nach eigener Existenz, nach Individuation. Diese Gier ist unsere Erbsünde, die uns ins hiesige Dasein zwingt, und die jedem Menschen zu eigen ist."

„Ein Neugeborenes Kind aber, ist es nicht ohne Sünde und rein von aller Gier?" fragte ich vorsichtig.

„Dies ist ein Trugschluss liebender Eltern, fürchte ich." sagte Arthur. „Man denke nur an die Gier, die jedes Neugeborene äußert, wenn es beim geringsten Hungergefühl wie verrückt zu schreien beginnt. Dieses ist die reinste Gier, der reine Wille zu leben, Teil der Erbsünde, nichts anderes! Der Wille zur Individuation, die ureigenste Triebfeder menschlicher Existenz und zugleich deren Nemesis."

„Der Mensch kann sich aber auch läutern. Weshalb geschehen dann Unglücke dem guten wie dem schlechten Menschen gleichermaßen?"

„Diese unsere Welt ist auch als Prüfung gedacht[14]", belehrte mich Tomas. „Wie sollte Gott anders den Guten vom Bösen unterscheiden? Angenommen, eine gute Tat würde sofort belohnt, eine schlechte aber sofort bestraft. Dann würde jeder, auch der schlechteste, nur noch gute Taten vollbringen, da er sich nicht mehr getrauen würde, schlecht zu handeln. Somit könnte sich der gute gar nicht mehr vom schlechten Menschen abgrenzen. Daher muss man sich als guter Mensch leider hinsichtlich der Belohnung bis zum Leben nach dem Tode gedulden."

Arthur schaltete sich ein: „Der Wille der Natur, der Weltenwille hat immer nur die Art, d. i. hier die platonische Idee, im Sinne, und achtet akribisch auf deren Überleben und Weiterentwicklung. Dem Individuum hingegen steht er völlig gleichgültig gegenüber. Man denke nur daran, mit welch geringer Achtung er Tausende von Individuen bei Vulkanausbrüchen, Tsunamis oder ähnlichem auslöscht, nicht ist er eingedenk dessen, ob der Mensch gut oder schlecht sei!"

Tomas gab zu bedenken: „ Beim Christengott ist dies aber anders! Aus Sodom rettete er den Lot, da dieser der Einzige gute Mensch dort war, den Rest der Menschen verbrannte er im Feuer. Bei Noah beispielsweise scheint es mir ähnlich zu sein, er warnt ihn vor dem drohenden Untergang durch die Sintflut, zeigt ihm gar einen Weg zur Verschonung auf. Unser Gott ist auch barmherzig. "

„Vielleicht waren dies ja tatsächlich die perfekt guten Menschen, um deren Verlust es sogar Euren Gott gedauert hätte, eher aber bedurfte er eben dieser Menschen, da ihr Ableben eine Änderung seiner Vorsehung zu Folge gehabt hätte. Bei den normalen, nur einigermaßen guten Menschen zeigt sich seine Barmherzigkeit nicht, jedenfalls nicht hier auf Erden. Vielleicht liegt es daran, dass die durchweg guten Menschen so rar gesät sind. Homo homini lupus – der Mensch ist dem Menschen Wolf."

„In Ordnung", meinte ich, „ich verstehe nun Gottes Plan besser und akzeptiere auch die Notwendigkeit und Kausalität im Bereich der Natur. Aber im Bereich des menschlichen Geistes? Nehmen wir einmal als Beispiel die Träume, die wir haben, unsere Phantasie, oder gar - leider unbewiesene - Gotteserscheinungen in der Bibel, Marienerscheinungen, Geistererscheinungen oder ähnliches. Wie seht Ihr denn solches?"

Da sprach Arthur[15]:" Mein Lieber, hier bewegen wir uns auf einem etwas holprigen Felde. Ohne Zweifel haben die von Dir beschriebenen Phänomene ihre Ursachen, seien diese geistige Defekte oder auch Aufarbeitung von Erlebtem im Verstand oder Unterbewusstsein, oder aber tatsächliche Beeinflussung durch Geister außerhalb unseres eigenen Geistes. Die Philosophie als Liebe zur Weisheit und Wahrheit ist hier leider nur auf Spekulationen angewiesen, was ihrem Charakter nicht eben entspricht. Grundsätzlich stellen sich zum Beispiel Träume oder auch unsere Phantasie in abgeschwächtem Maße unserem Verstande genauso dar, wie es die reale Welt auch tut. Man bedenke nur, wie man aus tiefem Traume hochschreckt, und eine Weile braucht, um erwachend festzustellen, dass es nur ein Traum war. Insofern könnte man zum Traume sagen, dass er im Grunde für uns den gleichen Wahrheitsgehalt hat, den die scheinbare Welt der Vorstellung auch hat, nämlich eine Welt des Scheins zu sein, eine Gaukelei unseres Verstandes. Die Phantasie weist natürlich nochmals entsprechend mehr Unsicherheit auf, da die Bilder und Vorstellungen noch weitaus undeutlicher sind. Daher sollte man sie auch zügeln, soweit sie als Hoffnung auf Zukünftiges auftritt, um nicht später enttäuscht zu werden, da man nur Luftschlösser gebaut hat. Das Gegenteil der Hoffnung, nämlich die Sorge oder Furcht, ist ebenso schädlich, denn diese blähen eine unsichere Unannehmlichkeit in der Zukunft so auf, dass die Gegenwart unerträglich wird. Man sorge sich nicht wegen Eventualitäten zu sehr, es sei denn, um Maßnahmen zu ergreifen. Ändern lässt sich die Zukunft ja ohnehin nicht, daher darf man die

Phantasie nicht ungehemmt schweifen lassen. Umso interessanter sind somit eigentlich die von Dir erwähnten Erscheinungen von Geistern, denn manche Leute behaupten, Geister tatsächlich mit eigenen Augen gesehen zu haben, so real, als stünden sie körperlich vor Ihnen."

„Wir sollten, so glaube ich, zunächst einen gemeinsamen Begriff für einen Geist finden", schlug Sokrates vor.

Immanuel[16] warf darauf ein: „Ich habe mich damit schon oft beschäftigt, aber was soll ich sagen: Ich suchte lange und fand …. Nichts. Aber eine Definition habe ich gefunden: Ein Geist ist ein nichtkörperliches, vernunftbegabtes Wesen. Da wir ja bereits zwei Geister identifiziert haben, nämlich den menschlichen Geist und Gott, können wir die Existenz weiterer Geister nicht so einfach ablehnen."

„Immerhin haben die Bibel und die Frühkirche ja einige beschrieben. Wir nennen zum Beispiel die Engel oder die Dämonen, wie wir die alten heidnischen Götter bezeichnen, durchaus Geister[14]", bemerkte Tomas. „Und die Anhänger der alten Religionen glaubten an sie, wie wir an Gott. Kann man ihre Existenz so ohne weiteres leugnen?"

„Ich denke, was uns grundsätzlich das Leben an dieser Stelle schwer macht", schloss Arthur, „das ist der Missbrauch der Gutgläubigkeit der Menschen. Immer jagen sie Sensationen nach. Das bedeutet, wenn jemand behauptet, einen Geist erfahren zu haben, kommen alle Zeitungen und Talkshows, es steigert den Bekanntheitsgrad auch der unbedeutendsten Leute… Daher gibt es einfach zu viele Scharlatane, um die eventuell wirklichen Geistererscheinungen von den kommerziellen Lügen unterscheiden zu können. Dennoch kann man in manchen Fällen den Wahrheitsgehalt dieser Behauptungen, man habe einen Geist gesehen, nicht widerlegen, seien die Erscheinungen in der Bibel geschehen oder auch sonst wo."

„Wie aber sollten sich Geister mitteilen können", fragte ich erstaunt ob dieser Wendung des Gesprächs, hatte ich doch erwartet, dass alle meine Freunde die Existenz von Geistern schlichtweg leugnen würden. „als nicht körperliche Wesen haben sie doch gar keine Möglichkeit, sich uns Sinnenwesen über unsere Sinne mitzuteilen."

Arthur meinte: „Das ist in der Tat unklar. In meinen Studien hierzu habe ich ein sog. Traumorgan postuliert. Dieses habe ich im Gangliensystem verortet. Leider ist dieses Traumorgan nie in der neueren Wissenschaft gefunden worden. Sagen wir so: Wenn ein Traum unserem schlafenden Verstande gleichsam wie die Wirklichkeit erscheint, und der Traum auch ohne die Mithilfe der Sinne wirkt, die im Schlafe ja inaktiv sind, warum könnte dann ein Geist nicht auf demselben Wege Einfluss auf unseren Verstand nehmen. Allein, das Traumorgan ward nicht gefunden..."

Sokrates ließ sich auch mal wieder hören:" Wir suchen, wenn ich es recht verstanden habe, nach einer Möglichkeit, wie ein nichtkörperliches Wesen einem Sinnenwesen wie uns sich mitteilen könne. Denn einerseits gehört unser Geist unbezweifelbar zur intelligiblen Welt, andererseits auch unser Leib wieder in die Welt der Vorstellung. Nun rufen ja die durch unsere fünf Sinne erregten Reize in uns die Vorstellungen hervor. Unser Gehirn scheint diese Fähigkeit in Form von Träumen aber auch im schlafenden Zustand zu benutzen, ohne der fünf Sinne zu bedürfen. Wie nun ein nicht körperliches Wesen, das auf unsere Sinne und unser Gehirn, da diese körperlich sind, keinen Zugriff hat?"

„Ich denke, wir müssen zu diesem Behuf Deine Meinung, lieber Immanuel, über den menschlichen Geist etwas anpassen", schlug ich vor. „Du hast den menschlichen Geist ohne Zweifel richtig aufgespalten in Verstand und Vernunft, und die Vernunft dürfen wir als die Seele bezeichnen. Charakter, Genetik und ähnliches hast Du aber ausgelassen, und die gehen doch ebenfalls in unseren Geist ein. Ferner fehlt da noch der Wille, der von allen drei Teilen gemeinsam beeinflusst wird, wie Arthur zu Recht einfordert. Der Verstand aber wird durch die Sinne befeuert. Dazwischen ist aber das Gehirn des Menschen, weder Verstand, noch Vernunft, noch Charakter, sondern nur gleichsam ein Computer, der die durch die Sinne verarbeiteten Informationen weitergibt. Wenn ich unser Problem mit der Aufnahme von durch Geister hervorgerufenen Erscheinungen, soweit sie nicht erlogen sind, bedenke, so müsste demzufolge der Eingriff der geistigen Einwirkung an einer Art Schnittstelle zwischen Gehirn und Verstand einsetzen."

„Aber wie könnte dieses wohl geschehen?" fragte Sokrates.

Da schlug ich, ganz der Ingenieur, vor: „Durch Induktion vielleicht?" Ich schaute in ratlose Gesichter.

„Wie meinst Du das?" fragte mich Sokrates schließlich.

„Induktion bedeutet in der Elektrotechnik, dass beispielsweise ein Wechselstrom in einem Leiter, der parallel zu einem anderen liegt, durch sein

Magnetfeld auch im zweiten Leiter einen Strom hervorruft, sprich induziert. Natürlich darf man nicht denken, dass eine Information oder ein Wille, die unkörperlich übertragen werden, einen körperlichen Strom in unserem Geist hervorrufen... keine Sorge. Aber prinzipiell könnte es doch so ähnlich funktionieren?"

„Non liquet!" sagte Immanuel, „wie schon gesagt, wir bewegen uns hier für meine Begriffe zu sehr im Bereich der Spekulation. Da es aber unbezweifelbar ist, dass unser Geist über unsere Sinne und letztlich unser Gehirn Hinweise auf die körperliche Welt erhält, müsste es in irgendeiner nicht zu ergründenden Weise eine Art Kupplung geben, die auch den Zugang anderer Geister zu dem unseren bilden könnte. Ich fürchte nur, wir können den Wahrheitsgehalt von Geisterwesen neben uns selbst und Gott (dem Weltwillen, der Weltseele) nicht abschließend klären. Immerhin könnten Geistererscheinungen ja auch anders als durch Ihre eigene Präsenz in den menschlichen Geist gelangen, durch Wahnvorstellungen oder Geisteskrankheit etwa, Fehlfunktionen des Gehirns oder Phantasie. Aber generell leugnen können wir sie nicht, auch wenn einige Vertreter der Geisterseher zweifelsohne im Sanatorium besser aufgehoben wären als in freier Wildbahn."

Dennoch versprach ich, für den nächsten Tag auf dem Papier ein Modell des menschlichen Geistes zu entwerfen, da es schon spät geworden war, und wir schieden voneinander.

Tag 3: Der menschliche Geist und die Tugend

Wir saßen gemeinsam über dem Organigramm, das ich vorige Nacht entworfen hatte, und meine Freunde unterwarfen es einer eingehenden Prüfung.

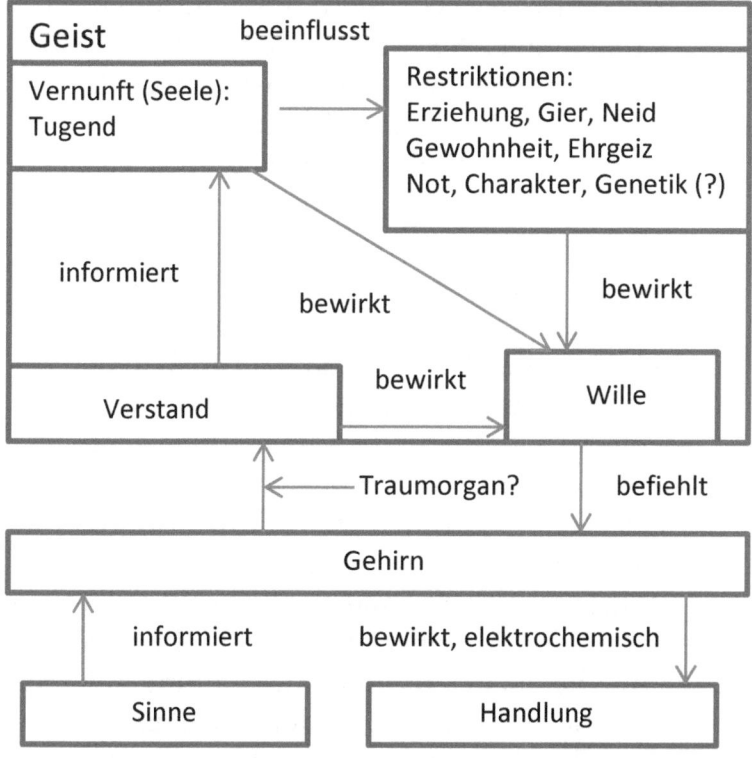

Diagr. 1 : Aufbau und Konzept des menschlichen Geistes

„Grundsätzlich", sagte Sokrates „scheint dies dem gestern besprochenen Aufbau unseres Geistes zu entsprechen. Wenn Ihr gestattet, fasse ich noch einmal kurz zusammen: Die Sinne erfassen fehlerhaft Abbilder unserer Außenwelt und informieren das Gehirn auf elektrochemischen, d. i. möglicherweise ebenso fehlerhaftem Wege. Das Gehirn transformiert diese Informationen ins Intelligible. Auf welche Weise dieses vorstatten geht, wissen wir leider nicht, doch könnte hier eine Möglichkeit, wohl gar die einzige, vorhanden sein, anderen Geistern Zutritt zu unserem Geist zu gewähren. Der Verstand bildet nun aus diesen Informationen Vorstellungen. Einfache Vorstellungen wie etwa den Hunger, verarbeitet er augenblicklich, und bewirkt den Willen nach Nahrung. Der Instinkt mag auch in den Bereich des Verstandes gehören. Komplexere, weil regelmäßig auftretende Vorstellungen gibt der Verstand als Information weiter an die Vernunft, welche hieraus wiederum Schlüsse und Urteile fassen kann, beispielsweise in Form von Naturgesetzen. Sie kann allerdings auch selbsttätig sein, indem sie transzendentale Schlüsse ziehen kann, die nicht aus der Anschauung möglich sind, wie die Erkenntnis der Existenz von Tugend oder Gott, wozu ich gerne später noch etwas sagen würde. Aus Ihr erwächst erstens die

Bewirkung eines Willens zu vernunftgemäßem Handeln, und zweitens eine Beeinflussung der Restriktionen wie zum Beispiel einer Mäßigung der Gier und ähnliches. Sie vollbringt dieses mit Hilfe der Tugend, im Falle der Gier beispielsweise mittels der Besonnenheit. Dennoch haben die Restriktionen einen sehr starken Einfluss auf unseren Willen, jedenfalls bei den meisten Menschen. Wozu dies führt, ist noch zu untersuchen. In jedem Falle wird der Wille durch die drei Funktionen Verstand, Vernunft und Restriktion bewirkt. Der (intelligible) Wille selber allerdings befiehlt nun wieder dem (körperlichen) Gehirn, bestimmte Handlungen durchzuführen. Auch hier ist der genaue Weg unbestimmbar. Das Gehirn aber bewirkt wiederum elektrochemisch die eigentliche Handlung, das Bewegen unserer Gliedmaßen etwa. Stimmen wir bis dahin überein?" Alle nickten.

Arthur sagte: „Damit versteht man auch, warum unser Wille und die Handlungen nicht immer den gewünschten unmittelbaren Effekt haben. Habe ich den Willen, einen Faden in ein Nadelöhr zu fädeln, brauche ich immer mehrere Versuche dafür. Das heißt, die elektrochemischen Wege in unserem Körper sind fehleranfällig und ungenau, sowohl der Weg von den Organen zum Gehirn, wie wir gestern schon gesehen haben, als auch der Weg vom Gehirn zu den Gliedmaßen. Dein Bild des menschlichen Geistes scheint recht gut zu passen."

„Ich verstehe grundsätzlich gut, was es mit den Restriktionen wie Gier oder Ehrgeiz auf sich hat", sagte Immanuel. „Sicherlich stehen diese im Gegensatz zur Tugend, und behindern die Vernunft, durch den Willen gute Taten zu bewirken. Aber was hat es mit den anderen Restriktionen auf sich?"

„Dies sollen nur Beispiele sein. Fangen wir doch mit der Erziehung an", schlug ich vor. „Ohne Zweifel beeinflusst eine gute oder schlechte Erziehung doch unsere durch den Willen bewirkte Handlungsweise. Somit, da nicht unserer eigenen Vernunft entsprungen, hat die Erziehung einen fremdartigen, die reine Vernunft beeinträchtigenden Effekt auf unseren Willen, den ich eine Restriktion nenne. Die Gewohnheit oder auch Trägheit lässt uns nur zu oft eine Entscheidung treffen, die wir der reinen Vernunft halber nicht treffen würden. Die, wenn auch oft eingebildete, Not zwingt uns oft zu Entscheidungen wider unsere Vernunft, wie auch unser schlechter Charakter, etwa der Stolz, Neid, Geiz, Rachgier oder die Verschwendungssucht. Und irgendwie sind wir als Sinnenwesen ja auch Produkt der Genetik, hier mag es also Restriktionen geben, die man nicht so leicht fassen kann."

Immanuel fragte: „Wären diese genetischen Restriktionen nicht eher im Gehirn zu suchen als im Geiste? Aber Du hast recht, wir können sie hier nicht ausschließen. Unser Geist mag die Rückstände jahrtausendealter Vererbung nicht ablegen können. In der Tat haben aber fast alle Restriktionen einen verderblichen Charakter und stehen der Vernunft entgegen, vielleicht von der guten Erziehung und Bildung mal abgesehen. Man darf die meisten daher wohl auch als Untugenden bezeichnen."

„Mir fällt gerade noch eine weitere Restriktion ein, die möglicherweise nicht so einfach zu deuten ist!" Ich musste dies einfach vorbringen. „Und dies ist die Liebe! Die Menschen sind aus Liebe die verrücktesten Dinge zu tun in der Lage. Ihretwillen sind ganze Kriege geführt worden, denken wir nur an den trojanischen Krieg. Menschen bringen sich selber um wegen einer unmöglichen Liebe zur oder zum Angebeteten. Männer bringen ihre Frau und Kinder um, sollte die Gefahr bestehen, sie zu verlieren. Ist nicht auch dies eine Restriktion?"

Darauf sagte Sokrates: „ Dies, mein Lieber, ist zu kurz gedacht. Die wirkliche Liebe ist Abbild der göttlichen Liebe und somit etwas unvergleichlich herrliches, leuchtendes, unser Leben in diesem Jammertal bereicherndes. Die Menschen lieben sich untereinander – wenn auch zu selten – und erhellen ihren traurigen Alltag dadurch ins unermessliche. Die Liebe zu Gott beispielsweise beflügelt die Künstler zu den unglaublichsten Meisterleistungen, die Liebe zur eigenen Familie bewirkt das Verzichten auf die größten Wünsche und Verlockungen, nur um etwa der Tochter oder dem Sohne eine kleine Freude machen zu können, welche wiederum zur eigenen Freude wird. Die wahre Liebe kann daher auch Verzicht auf das Geliebte bedeuten, wenn man beispielsweise erkennt, dass die Geliebte bei ihrem neuen Verehrer regelrecht aufblüht, und das der Umgang mit dem neuen Partner für sie eine Bereicherung darstellt. Vielleicht hilft dieses dann einem sogar, die eigenen Versäumnisse zu erkennen und in Zukunft zu vermeiden. Nein, mein Lieber, die wahre Liebe ist nimmer eine Restriktion, sondern entspringt aus der Tugend als Liebe zu Gott (Frömmigkeit) oder zum Menschen im Allgemeinen (Gerechtigkeit), der christlichen Nächstenliebe. Die Liebe zu Einzelnen, etwa Familienangehörigen ist also nur eine

Liebe im Besonderen aufgrund einer stärkeren Verbindung, die aber aus der allgemeinen Liebe oder Nächstenliebe – die zur Auswirkung die Barmherzigkeit hat - erwächst. Der gottlose, ungerechte, schlechte Mensch kann daher nicht lieben, sondern nur Begehren, mag er sein Gefühl auch nennen, wie er möchte. Das, was Du der Liebe zugeschrieben hast, den Krieg etwa, oder das Töten seiner selbst oder der Angehörigen, ist in Wahrheit reine Selbstsucht, da der Betreffende meint, ohne das Geliebte nicht leben zu können oder zu wollen. Die Selbstsucht allerdings ist natürlich eine Restriktion. Einer enttäuschten Liebe wegen zur Gewalt gegen sich oder andere zu neigen, ist daher keine wahre Liebe, sondern Charakterschwäche, oder auch: Begierde."

„Das sexuelle Begehren", lies sich Arthur hören „indes ist natürlich ein notwendiger Zwang des Menschen und auch der Tierwelt, um die Arten zu erhalten. Dieses hat uns der Weltenwille so eingepflanzt, damit wir nicht etwa uns selber für wichtiger erachten als die Art oder Gattung. Man darf diesen instinktiven Trieb aber natürlich keineswegs höher einschätzen als die wahre Liebe oder gar die Vernunft. Derjenige, der seiner Geliebten willen eine verrückte Sache macht, ist und bleibt, was er ist: Nämlich ein selbstverliebter Narr! Bringt er sich um in seiner Schlechtig-keit, so ist ihm nach meinem buddhistischen Glauben eine Wiedergeburt sicher, die ihm kei-neswegs ein besseres Leben vorsieht, nach Eu-rem christlichen Glauben würde er wohl in der Hölle schmoren. Nicht, weil er sich umgebracht hat, sondern weil er ein schlechter, selbstsüchti-ger Mensch war, wohlgemerkt."

Tomas warf ein: „Mir gefällt an unserem Schau-bild, dass es im Wesentlichen der Meinung des Christentums nicht zuwider ist. Wir bezeichnen Seele und Vernunft als Eines, und die Seele als etwas von Gott gegebenes, kann selbst nicht böse sein. Ich würde hier die Restriktionen des Geistes als eine Mischung aus Erbsünde, schlechter Er-ziehung und Ähnlichem erblicken, die der guten und vernünftigen Seele das Leben schwer ma-chen. Der Sünder muss demnach nach seinem Tode zunächst von allem Körperlichen *und* dem schlechten, fehlerhaften Geistigen wie Wille, Verstand und vor allen Dingen den Restriktio-nen befreit werden, damit am Ende die unsterb-liche Seele rein und frei von Sünde steht, die Gott heim in sein Reich führt, ins rein intelligible Pa-radies, aus dem wir einst kamen."

Eckhart[17] stieß ins selbe Horn: „Daher muss man auch hier auf Erden allem irdischen abschwören, um am Ende gänzlich in der Weltseele, d. i. Gott aufgehen zu können. Wenn alles Dingliche abgeworfen wird, jeder eigene Wille verschwunden ist, dann bleibt körperlich gesprochen nur noch das reine Nichts, das ist Gott, fern von allen Lüsten, Trieben, Sehnsüchten, Schmerzen, Tod, und selbst reiner Akt, mit dem sich zu vereinigen das Ziel aller Vernunft sein muss ."

„Als Buddhist", ließ sich Arthur hören, „kann ich diesem nur beipflichten. Nach all den schmerzlichen Wiedergeburten und all dem Elend hier auf Erden, muss es oberstes Streben aller Menschen sein, diese erbärmliche Welt ein für allemal hinter sich zu lassen. Dies kann aber nur gelingen, wenn man den eigenen Willen verneint, indem man allem Irdischen abschwört. Erst dann ist man würdig, ins Nirwana einzugehen, wenn der eigene Wille zum Sein erloschen ist. Solange dies aber nicht der Fall ist, müssen wir weiter auf Erden wandeln und alle Beschwerden, Krankheiten, Naturkatastrophen, Kriege, Missernten etc. ausbaden."

„Wie aber wäre es wohl möglich, dem Pfad der reinen Vernunft zu folgen?" fragte Sokrates.

„Wir haben ja in unserem Diagramm bereits einige Restriktionen gefunden, die der Bekämpfung durch die Vernunft bedürfen, um ihren schadhaften Einfluss auf unseren Willen nicht ausüben zu können, wie beispielsweise die Gier." Sprach Aristoteles. „Die einzige Waffe der Vernunft aber ist die Tugend. Man muss daher der jeweiligen, negativen Restriktion die entsprechende positive Tugend gegenüberstellen, wie in diesem Falle das Maßhalten, und die Tugend der Untugend in seinem Willen bevorzugen."

„Hier scheinst Du mir recht gesprochen zu haben", fand Seneca. „Ist die Gier doch die stärkste und verderblichste Triebfeder allen menschlichen Handelns. Jeder Krieg, jeder Diebstahl, jeder Mord basiert letzten Endes auf ihr, und sie muss in jedem Falle aus dem Geist verbannt werden, will man tugendhaft leben."

„Was aber wollen wir allgemein unter der Tugend verstehen? Was ist sie überhaupt?" Fragte Sokrates.

Ich antwortete ihm: „Doch offensichtlich dasjenige, was dem Menschen nützt."

„Wie nun? Wenn ich die Entscheidung treffe, einen Menschen auszurauben, nützt mir dieses denn nichts? Ich kann danach vielleicht meiner Familie etwas zu Essen kaufen."

„Aber damit schade ich einem anderen Menschen. Somit muss ich umformulieren in Anlehnung an unseren Wahrheitsbegriff: Die Tugend und deren Ausübung nutzt allen Menschen."

„Eine gute Gesundheit nutzt aber doch sicherlich auch allen Menschen, man würde sie aber kaum als Tugend bezeichnen, abgesehen davon, dass es eine gewisse Tugend geben muss, um die Gier nach unnötiger Nahrung zu bekämpfen, damit man nicht zu dick zu werde?"

„Allerdings. Somit muss ich noch einmal in Anlehnung an unseren Wahrheitsbegriff umformulieren: Die Tugend ist diejenige Geisteshaltung, die allen Menschen nützlich ist, war und sein wird, um die Restriktionen des Geistes zu bekämpfen, was notwendig ist, um dem Willen die richtigen, d. i. guten und tugendhaften Entscheidungen aufzuzwingen."

„Nun sind wir schon einen Schritt weiter", sprach Sokrates, „und Du hast gut geantwortet. Nun lass uns sehen, wohin dieses uns führt. Wir haben soeben der Gier das Maßhalten gegenübergestellt. Ich habe einmal der körperlichen Gier wie Fresssucht und dem Begehren geschlechtlicher Exzesse die Besonnenheit, und der

Gier nach Macht die Gerechtigkeit gegenübergestellt. Welche weiteren Paare fallen uns denn
noch ein?"

„Tapferkeit und Feigheit!" schlug ich vor.

„Sehr richtig!" bestätigte mir Sokrates. „Hierbei
müssen wir natürlich die Tapferkeit von der
Tollkühnheit unterscheiden. Niemand ist tapfer,
der sich im Kampfe allein hundert Gegnern ent-
gegenwirft, und in Sekunden niedergemacht
wird. Dieser Tollkühne gilt bestenfalls als
dumm. Nützlicher wäre er seinem Lande gewesen, wenn er sich umsichtig in Sicherheit gebracht hätte, um seine Tapferkeit später zu be-
weisen. Auch ist nicht derjenige tapfer, der ständig seinen Mitmenschen gegenüber auf Kon-
frontationskurs ist, sondern ein ekeliger Nörgler
und Choleriker. Das bedeutet, wahre Tapferkeit
kann nicht ohne Besonnenheit existieren. Im Übrigen ist Tapferkeit nicht nur auf dem Schlacht-
feld zu finden. Auch der schwer kranke Mensch
wird tapfer genannt, wenn er seine Mitmenschen
nicht zu sehr mit seinem Jammern belästigt, sondern sein Leiden mannhaft erträgt. Ähnlich verhält es sich mit der Armut und solchen Dingen.
Tapfer ist derjenige, der in einer widrigen Situation seine gute Grundhaltung nicht verliert.
Nicht nennt man denjenigen tapfer, der sein letz-
tes Geld im Spielcasino auf eine einzige Zahl

setzt, sondern einen verzweifelten Spieler. Nicht heißt man denjenigen tapfer, der ungeachtet der Gefahren aus Geldnot eine Bank überfällt, sondern Bankräuber. Aber man nennt den tapfer, der seine Armut tugendreich zu ertragen weiß, weil er sie geringschätzt, ohne Neid auf reichere Menschen zu empfinden. Weitere Gegensätze?"

„Frömmigkeit und Gottlosigkeit!" rief Tomas.

„Weisheit und Gedankenlosigkeit!" stimmte Eckhart ein.

„Fleiß und Trägheit!" vervollständigte Tomas, „Natürlich möchte ich den Fleiß nicht missverstanden wissen als den unbedingten Willen, etwa mehr Geld zu verdienen. Es ist der Fleiß, den man aufbringt, das Notwendige zu tun, um ein im eigentlichen Sinne gutes Leben zu führen, nicht ein lediglich angenehmes."

„Toleranz und Intoleranz!" schlug ich vor.

Arthur rief: „Stopp! Die Toleranz ist keine Tugend, wenn sie nicht gepaart ist mit Besonnenheit und Weisheit. Manchmal ist vom Charakterstarken auch Intoleranz gefordert, wenn eine Toleranz aus Faulheit erfolgen würde und verderbliche Auswirkungen hätte. Toleranz ist ja eine Duldung, ein Erdulden können. Ich gebe zu, dass intolerante Menschen oft als unangenehme

Querköpfe, widerliche Rassisten oder ähnliches auftreten, aber manchmal ist die Intoleranz eben auch angebracht, sie erfordert übrigens auch Mut und Ehrlichkeit gegenüber allzu toleranten Gutmenschen, deren einziges Lebensziel und Verständnis um die Dinge oftmals in der Toleranz zu liegen scheint. Sind etwa die Intoleranten gegen jede Art des Kindergeschreis eingestellt, ist dieses ekelerregend, ein zu lautes Geschrei und übermütiges Spielen aber ist manchmal nicht zu tolerieren, man nennt dieses dann Erziehung, die man auch im Sinne des Kindes von allzu toleranten Eltern einfordern sollte. Ebenso wenig ist die Toleranz bei Ungeist und Unkultur angebracht, sondern wird hier zur Faulheit, etwas zu ändern, zur Kritiklosigkeit. Eine missverstandene Toleranz übernimmt auch allzu gerne alles Neue, etwa aus den Kulturen eingewanderter Neubürger, was zur Kulturlosigkeit im eigenen Lande führt. Erstreckt sich der kulturelle Einfluss der Neubürger lediglich auf Imbissbuden und eine verheerende, jammervolle Verunstaltung der deutschen Sprache, kann auf diese kulturellen Errungenschaften getrost verzichtet werden. Toleranz heißt, dieses Neue zu dulden, nicht es zu lieben und kritiklos zu übernehmen. Nehmen wir beispielsweise das ganze Fastfood aus Amerika, und dessen Ungeist und Unkultur.

Irgendwann wird dies zur Erosion, ja Zerstörung der alten europäischen Kulturen – und Küchen - führen, und dieser Vorgang hat ja bereits begonnen. Der Europäer wird dem Amerikaner politisch gleichgeschaltet, und nur noch zum Konsumenten degradiert. Die Muslime in weiten Teilen der Welt haben dieses erkannt, sie tolerieren es zu recht nicht, wenn dieses auch in unerträglicher, fehlgeleiteter Art etwa durch den Terrorismus geschieht, im Geiste des Hasses anstelle der erzieherischen Ermahnung. Der Teufel aber lebt im Westen... Amerika repräsentiert alles, was verachtenswert ist, die Völlerei, die Macht- und Geldgier, die Feigheit - denken wir einmal an die Art der Kriegsführung -, die Gedankenlosigkeit. Ein kulturloses, da geschichtsloses Land mit zumeist schlecht gebildeten Einwohnern. Es wirkt weltweit korrumpierend auf die Kulturen der anderen Länder ein, es führt Kriege, nur um Märkte zu erschließen, damit die Menschen weltweit die amerikanischen Produkte kaufen, und um seinen unersättlichen Hunger nach Rohstoffen zu stillen. Sein Gebaren ist keineswegs immer zu tolerieren, sondern sollte in vernünftige Schranken gewiesen werden, was bei seiner Machtfülle natürlich schwierig ist, solange unsere Politiker so rückgratlos sind. Würdelose

Geschmacksverirrungen aber etwa bei der Kleidung, nehmen wir nur sandalentragende Männer oder Trainingshosen, sind zwar um des lieben Friedens willen zu tolerieren, man muss sie deswegen aber nicht schön finden oder gar nachahmen. Ich würde daher drei Kategorien von Dingen bezüglich der Toleranz hinsichtlich ihres richtigen Gebrauchs postulieren: Die notwendige Toleranz in wichtigen Fragen, die sich zu ihrer Leitung der Vernunft bedient und einem Tugendhaften wohl ansteht, das Tolerieren unwichtiger Dinge, die den Weisen nicht anfechten können oder deren Intoleranz zur unnötigen persönlichen Verletzung der Mitmenschen führen würde, und die Intoleranz in wichtigen Dingen, die der Vernunft zuwider sind, deren Toleranz gar ein Verbrechen wäre. Die Toleranz selbst aber ist deswegen keine Tugend, da sie nicht immer gut und schön ist. Im Gegenteil, die Intoleranz, soweit sie sich gegen Ungeist und Unkultur der Masse richtet, fordert dem Weisen mehr Tugend ab, mehr Mut, mehr Ehrlichkeit, mehr Weisheit. Denn wer Kritik übt ist stets unbeliebter als derjenige, der alles immer hinnimmt und wider besseres Wissen toleriert, sei es aus Faul- oder Feigheit. Die breite Masse mag keine Querdenker."

Seneca warf ein: „Ähnlich verhält es sich mit der Ehrlichkeit als solcher. Diese ist für den Weisen ein hohes Gut, er verabscheut die Lüge. Sie ist aber nicht immer und in jeder Situation angebracht, wenn Sie etwa zur Verletzung oder Herabwürdigung von Mitmenschen führt, ohne ihnen einen Wert in Form von Erziehung zu bieten, sondern sie zu verspotten oder anzugreifen scheint. Sie ist in manchen Fällen nicht ratsam, sondern das Schweigen ist mitunter vorzuziehen. Da die Ehrlichkeit also nicht in absolut allen Fällen gut ist, ist sie auch keine Tugend. Die zugehörige Tugend ist die Tapferkeit, die auch in schwierigen Situationen zur Ehrlichkeit führt, und sie dann ermöglicht, wenngleich die Ehrlichkeit dem Ehrlichen selbst nicht zum Vorteil gereicht. Aber einen großen Vorteil hat die Ehrlichkeit in jedem Falle: Man muss sich nämlich nicht seiner ganzen Lügen erinnern, um sich nicht in ihnen gegenüber den Belogenen zu verstricken.“

Ich überlegte: „Dann wären diese meist positiven Eigenschaften wie Toleranz und Ehrlichkeit also eher Charakterzüge guter Menschen, sofern sie durch die Tugend geleitet werden. Man wird sie daher aber wohl zu den Restriktionen rechnen müssen, wenn auch zu den meist positiven wie etwa eine gute Erziehung.“

„Völlig richtig", sprach Sokrates. „Wir sehen dennoch, der Einzeltugenden sind viele. Aber ist die eine ohne die andere denkbar? Kann man weise sein, und zugleich unbesonnen oder ungerecht? Wäre der wahrhaft Ungerechte möglicherweise fromm? Wäre der Gedankenlose wirklich tapfer oder eher tollkühn? Kann der Feige, der sich vor jeder unangenehmen Entscheidung drückt, wirklich weise, ehrlich oder gerecht sein, oder gar der Träge das rechte Maß halten und sich angestrengt um Gerechtigkeit bemühen?"

„Ich denke nicht, dass dies möglich ist", sagte Seneca. „So, wie der wahrhaft Tugendhafte sich um alle Einzeltugenden gleichermaßen bemühen muss, sind sie dem Schlechten oft allesamt gleichgültig."

Sokrates postulierte daraufhin: „Somit wären die Einzeltugenden nur Teilbereiche oder Pleonasmen hinsichtlich der Gesamttugend. Diese müssen wir somit als das in uns allen befindliche Gute und Schöne erkennen, das uns unter ständigem Ringen ermöglicht, die Restriktionen in unserem Geist zu überwinden und das Vernunftgemäße zu tun. Es bliebe uns allerdings noch etwas aufzuzeigen, um unserem Gastgeber heute wenigstens ein wenig Wahres als Geschenk zu hinterlassen: Nämlich zu zeigen, dass wir damit ein Stück Wahrheit gefunden haben."

„Immerhin haben die Menschen zu allen Zeiten und in allen Kulturkreisen unter diesen Begriffen dasselbe oder doch sehr Ähnliches im Rahmen der Sprachgenauigkeit verstanden", räumte ich ein.

Immanuel warf ein: „Da dies wohl auch in allen Religionen und allen Moralvorstellungen so ist, dürfen wir also annehmen, dass die Tugend, wenngleich ein transzendenter Begriff und somit durch unsere Sinne nicht erfahrbar, doch unzweifelhaft existiert, somit auch die Einzeltugenden wie Gerechtigkeit, Besonnenheit, Weisheit usf."

„Sie ist somit, da transzendent, rein intelligibel, und damit gottgleich", bestätigte Tomas. „So wie unsere Seele ein unmittelbares Abbild Gottes ist, so ist auch unsere Tugend als Funktion der Seele mittelbar Produkt Gottes und somit ein Abbild der göttlichen Tugend. Immerhin steht es ja auch schon in der Bibel: Ich bin die Wahrheit. Man könnte hinzufügen: Ich bin die Gerechtigkeit, Besonnenheit, Weisheit, Tapferkeit oder Frömmigkeit. Wir definieren Gott ja gerade so, und finden in unserer Seele einen Abglanz seiner Tugend wieder, oftmals leicht verstaubt, da selten benutzt, aber bei stetigem Bemühen kann man sie wieder zum Vorschein bringen, so glänzend und strahlend wie nur je."

„Im Übrigen", meinte Eckhart, „scheinen sich mir die drei Aspekte des dreifaltigen Gottes, der doch ein Einziger ist, ebendarauf hinzudeuten. Christus beispielsweise steht doch wohl für die Gerechtigkeit, denn *er sitzet zur Rechten Gottes, des Vaters, zu richten die Lebenden und die Toten.* Außerdem denke ich, man darf ihm getrost auch die Tapferkeit zugestehen, denn er gab sein Leben für uns am Kreuze. Was könnte wohl tapferer sein, als sein Leben für andere hinzugeben? Die Besonnenheit wird man sicherlich Gott Vater, dem Schöpfer, zuordnen, denn er schuf alles im Hinblick auf den jüngsten Tag, eine Kausalität an die andere vorhersehend und vernünftig aneinanderreihend. Frömmigkeit und Weisheit aber dem heiligen Geiste, herabfahrend auf die Jünger und Aposteln, sie mit seinem Glaube ansteckend und aus der Verzweiflung reißend, sowie Sie befeuerte, in tausend Sprachen zu sprechen. So, wie die drei Aspekte Gottes eines sind, sind auch seine Einzeltugenden nur Aspekte der einen göttlichen Tugend."

Seneca überlegte bei sich:" Auch bei den Römern und Griechen gab es Gottheiten, die die Aspekte der Tugend repräsentierten, ja die sogar so hießen. Vermutlich bei den meisten polytheistischen Religionen. Hierin muss ebenfalls Wahrheit liegen, obschon in jeder Religion die Gottheiten, Aspekte der Tugend, anders verehrt werden."

„Das wird mir hier ein wenig zu mystisch", klagte ich. „Ich akzeptiere hiermit die Existenz der Tugend als Wahrheit und freue mich darüber, dass wir wieder ein Mosaiksteinchen derselben gefunden haben, aber gestattet mir bitte eine Frage: Was nützt mir dies im Alltag? Im Grunde möchte ich doch nur glücklich sein, so wie alle Menschen…"

„Dies zu erörtern fehlt uns heute Nacht die Zeit", bedauerte Sokrates. „Denn dieses wird noch einige Zeit in Anspruch nehmen. Ich verspreche Dir aber, dass wir schon morgen auch diesem auf den Grund gehen werden, nämlich wie der Mensch glücklich zu werden vermag."

Nachdem sich die Freunde verabschiedet hatten, freute ich mich schon auf das, was da am nächsten Tage kommen sollte, versprach ich mir doch einige Erkenntnisse hinsichtlich meines täglichen Lebens.

Tag 4: Das zufriedene Leben

Wir hatten wie immer zu diesen Anlässen gut gespeist, und ich lehnte mich behaglich zurück und seufzte: „Nun bin ich wirklich zufrieden, was für ein angenehmer Abend!"

„Wie nun?" Fragte der unermüdliche Sokrates „so brauchst Du am Ende unsere Ratschläge hinsichtlich eines glücklichen Lebens gar nicht mehr?"

Schmollend entgegnete ich: „Du weißt genau, dass ich es so nicht gemeint habe. Gerne höre ich Euren Rat, denn ansonsten wäre morgen die Sättigung wieder verflogen, und ich wäre so unzufrieden wie zuvor."

„So lasst uns nun die letzten Kräfte bündeln, und untersuchen, wie der Mensch zu einem glücklichen Leben gelangen kann. Ich werfe zunächst einfach die Frage in den Raum, ob der gute oder der böse Mensch glücklicher ist, der Tugendhafte oder der Lasterhafte."

Nach kurzem Nachdenken meinte ich: „Mir scheint, ehrlich gesagt, der Böse sei auch der Glücklichere. Er beschafft sich alles, was er wünscht ohne alle Skrupel. Ist er erfolgreich, so schwelgt er im Reichtum, nimmt sich die Frauen, die er begehrt, besitzt die Ehrerbietung, die er sich wünscht, hat kurzum alles, was er haben will. Er ist zudem der Freieste, muss er sich doch keinerlei moralischen Zwängen oder fremden Vorschriften unterwerfen."

„Somit wäre auch der schlechteste Mensch der Glücklichste?"

„Mir wenigstens will es so scheinen."

Da sprach Sokrates[6]: „Ich denke, hier sollten wir einmal die beiden Extreme anschauen. Der schlechteste Mensch hinsichtlich der Tugend ist sicherlich der vollkommene Tyrann. Dieser ist durch Verrat oder Mord an die Macht gekommen, knechtet sein Volk und presst ihm allen Reichtum ab, um diesen selbst zu besitzen, kann essen und trinken, was er begehrt, kann die Frauen, die ihm gefallen in sein Bett zwingen und vielerlei mehr. Ist es nicht so?"

„Allerdings."

„Muss der Tyrann aber nicht fürchten, eines Tages gestürzt zu werden, sei es, dass das Volk aufbegehrt, oder ein anderer, ähnlich Skrupelloser, ihm den Rang streitig macht?"

„Das schon", meinte ich, „aber er hat alles Geld der Welt, sich eine beliebig große Leibgarde zu besorgen, oder sich mit seinem Gelde viele Anhänger und Freunde zu verschaffen."

Da schaltete sich Seneca ein: „Aber wie viele Tyrannen sind durch die eigenen Leibwächter er-
schlagen worden! Im Übrigen wird sich der vollkommene Tyrann auch nur mit anderen Schlechten umgeben dürfen, denn der rechtschaffene
Mann wird ihn meiden. Somit muss er tatsächlich immer fürchten, dass er, wenn schon nicht
aus dem Volke heraus per Revolution oder At-
tentäter, so möglicherweise von den gekauften
Leuten seines unmittelbaren Umfeldes erschla-
gen oder entmachtet wird. Denn diese sind gie-
rige Schufte wie er selbst, vom Neid auf ihn zer-
fressen."

„Ganz meine Meinung!" Sagte Sokrates „Außerdem muss er sich noch vor der Rache der Frauen,
die er in sein Bett zwingt, oder vor deren Ehe-
männern oder Vätern und Brüdern fürchten.
Auch wird er bei seiner ganzen Völlerei unwei-
gerlich dick und krank. Vielleicht hat er ob seiner
bösen, zügellosen Taten sogar mitunter Gewis-
sensbisse, denn auch in ihm mag noch zuweilen
ein Funke seiner Vernunft aufblitzen, die wir
doch in allen Menschen als vorhanden und gut
erkannt haben. Er muss sich dann eingestehen,
dass er seine Triebe aber nicht unter Kontrolle
bringen kann, muss sich als machtlosen Wurm
erkennen, als Sklaven seiner Lüste. Mit seiner

vermeintlichen Freiheit ist es daher nicht weit her!"

Und Seneca fuhr fort: „Bestrafung genug ist dem Zügellosen oft, was er sich erwünscht. Das größte Unglück aber ist es, wenn das, was anfangs Verfehlung war, zum Wesen wird[16]."

Arthur bemerkte: „Ferner kann ein Mensch niemals glücklich werden, der ständig neue Reichtümer begehrt. Jede Delikatesse wird irgendwann zur Gewohnheit. Jedes tolle Auto, das man sich kauft, wird irgendwann langweilig, da alltäglich. Jeder sogenannte Traum, den man sich ermöglicht, entpuppt sich daher als leer, da er bereits nach Tagen keine weitere Befriedigung mehr bietet. Das bedeutet, mit jedem Ziel aus dieser geistlosen Welt, mit jeder Sensation, die ich erlebe, werden mir noch größere Ziele, noch verrücktere Sensationen erwachsen, die das Erreichte in den Schatten stellen, und ich werde immer mit dem Erreichten unzufrieden bleiben, da ich die immer neuen Ziele noch nicht erreicht habe. Die Langeweile aber ist ein ebenso ernst zu nehmender Feind des Glücks wie die Gier selbst."

„Hältst Du diesen Mann, den wir soeben beschrieben haben, wirklich für glücklich?" Fragte mich Sokrates.

„So habe ich es noch nie betrachtet. Nein, er ist im höchsten Maße unglücklich und unzufrieden."

„Betrachten wir nun den ideal tugendreichen Mann. Ist er vielleicht doch der Glücklichere?"

„In jedem Falle hat er wirkliche Freunde, die nicht nur auf seinen Besitz aus sind", antwortete ich ihm. „Seine Freunde lieben ihn seiner selbst willen. An Geld und anderen Reichtümern wird er aber bei weitem nicht so viel besitzen."

Seneca führte den Satz weiter: „Und des Geldes auch kaum bedürfen. Seine Besonnenheit sagt ihm, dass das wenige, was er besitzt, ausreicht und was er braucht, leicht zu beschaffen ist. Er muss sich nicht von Sensation zu Sensation hangeln, um nachher wieder gelangweilt zu sein, sondern ist zufrieden mit dem, was er hat."

„Ihm wird auch niemand nach dem Leben oder seinem bescheidenen Besitz trachten, denn er erregt keinen Neid oder gar Hass, da er aufgrund seiner Gerechtigkeit auch niemandem Unrecht tut", stellte ich fest. „Ihr habt recht, dieser Mann ist wahrlich zufriedener und glücklicher als jener, da er sorgenfrei ist."

„Hieraus erhellt aber auch, dass das Wort *glücklich* ein trügerisches ist. Denn auch der Tyrann mag einmal kurz glücklich sein, wenn etwa eine Schandtat aus seiner Sicht gut ausgegangen ist. Aber tags darauf wird er wieder unzufrieden sein, nach neuem Besitz und neuen Ländereien gieren, nach neuen Befriedigungen auch der perversesten Gelüste. Nein, das Wichtigere ist in der Tat die dauerhafte Zufriedenheit. Glücklich sein ist in der Tat immer nur von kurzer Dauer, es sei denn, man nennt den Zustand der dauerhaften Zufriedenheit glücklich sein. Auch tut in diesem Zusammenhang Not, die eigenen geistigen und körperlichen Grenzen zu kennen. Ein Unglück mag wohl schmerzen, der größte Geistesschmerz aber ist die unvermutete Erkenntnis der Unzulänglichkeit seiner selbst, welche die eigenen Pläne hat platzen lassen wie Seifenblasen."

Aristoteles warf ein[17]: „Meines Erachtens liegt das Glück ohnehin nicht darin, etwas zu erreichen oder zu besitzen, sondern im Fehlen von Schmerz. Das dies so ist, wird klar, wenn wir bedenken, mit welchem Aufwand wir den Schmerz bekämpfen, sollte er eintreten, und einen wie geringen Stellenwert dann noch Ehrgeiz oder Besitz einnehmen, solange der Schmerz vorliegt. Dieses sollte uns Ansporn sein, im körperlichen wie im geistigen, damit man den Schmerz vermeide, will man möglichst zufrieden auf Erden wandeln. Da man den körperlichen Schmerz nie gänzlich wird vermeiden können – denken wir etwa an altersbedingte Schmerzen oder Unfälle – sollten wir unser Augenmerk insbesondere auf das Vermeiden geistiger Schmerzen, etwa in Form von Gewissensbissen, legen. Daher interessiert sich der Weise auch nicht für läppische Kleinigkeiten, die den Unvernünftigen wohl wütend machen können. Eine kleine Mücke kann dafür sorgen, dass der Unvernünftige die ganze Nacht auf der Jagd verbringt, der Weise aber missachtet ihr Summen und verachtet den kleinen Stich, der ihn, ausgeschlafen wie er ist, am nächsten Morgen nur leicht an der Wade juckt, für ihn kaum merklich. Man verschwende seine kurze Lebenszeit nicht mit Kindereien und Nichtigkeiten. Wie viele Menschen gibt es, die eigentlich zwischen Geburt und Tod nur ein wenig zwischendurch gelebt haben, die wichtigsten Dinge aber verabsäumt haben, die des Menschen Leben ausmachen?"

„Anders ausgedrückt: Das positive Glück, dem man nachjagt, ist eine chimärische Illusion, real hingegen ist der negative Schmerz." Vervollständigte Arthur. „Daher ist die Jagd nach Glück stets enttäuschend, das Vermeiden von Schmerz aber immerhin möglich, lebt man sein Leben weise und tugendhaft."

Eckhart fuhr fort: „Geht einem also ein Besitz verloren oder wird er geraubt, so freue man sich dessen, was man noch besitzt. Vor allen Dingen aber erinnere man sich an die guten Dinge neben seinem Besitz, die man hat, wie etwa eine liebende Frau oder liebende Kinder, Familienangehörige und Freunde, oder eine gute Gesundheit, die doch ein ungleich höheres Gut sind als das verlorene Geld. Man überlege, was man verlöre, hätte man diese Dinge oder Personen nicht zur Verfügung, und freue sich darüber, dass sie da sind."

„Aber eines möchte ich noch zu bedenken geben", unterbrach ich seinen Redefluss, „ist denn nicht Zufriedenheit häufig auch Hemmnis für Fortschritt und Weiterentwicklung? Ich denke dabei an meine Firma. Wenn wir immer mit dem Erreichten zufrieden wären, würden uns alsbald andere Firmen in Technik und Preis überflügeln, was aber nicht im Sinne der in unserer Firma Beschäftigten wäre, geschweige denn unseres Chefs, denn wir wären bald insolvent."

„Glücklicherweise strebt der Geist außergewöhnlicher Menschen stets danach, immer mehr Kenntnisse zu erlangen", meinte Georg. „Dieses an sich ist keineswegs etwas Schlechtes. Es hat unseren Stand in der menschlichen Erkenntnis immerhin dahin gebracht, wo er ist, nicht zuletzt auch in der Philosophie. Alles in allem gab es noch nie so viel Wissen in der Menschheit, wie in dieser Zeit. Schade, dass wir es nur noch in Form von digitalen Daten dokumentieren, die schon in wenigen Jahrzehnten, vielleicht auch Jahren niemand mehr wird lesen können."

Sokrates relativierte: „Natürlich bezieht sich der Wert der Zufriedenheit nur auf die persönliche Habe. Unerträglich wäre es, würde die Philosophie dem Menschen einen Verzicht auf Wissensgewinn oder Zuwachs an Weisheit anordnen. Dieses ist selbstverständlich nicht so, ja widerspricht dem Sinne der Philosophie. Im Bereich des Geistes gibt es kein zu viel des Wissens, hingegen sehr wohl ein zu viel des Willens, zu besitzen. Gilt bei der Habe: Sei zufrieden mit dem leicht zu Erringendem, so gilt im Geistigen hinsichtlich des Strebens nach Erkenntnis: Niemals sei zufrieden mit dem, was Du errungen hast, sondern strebe nach den Sternen. Auch darf es – außer bei dem wirklich guten Menschen – kein zu viel geben bezüglich des Willens, sich bessern zu wollen, denn wäre man hier zufrieden, wäre dies schon Hoffart. Aber man sei insofern zufrieden mit sich, als man erkenne, auf dem richtigen Wege zu sein. Schlimm ist es, unzufrieden mit seinen Habseligkeiten zu sein, noch schlimmer aber ist es, unzufrieden mit sich selbst und dem eingeschlagenen Wege zu sein."

„Auch ist der Tugendhafte meines Erachtens nicht grundsätzlich bitter arm", sprach Seneca, der in Wahrheit einer der reichsten Männer der Stadt war. „Verachtet mir nicht jene Tüchtigen, die ihr Haus gut zu bestellen wissen. Der Tugendhafte wird diesen Besitz allerdings geringschätzen, denn er weiß, dass er jederzeit auf ihn würde verzichten könnte, sollte er ihm genommen werden. Und dies kann ja jederzeit geschehen, wenn die Allgewalt des Schicksals es verlangt."

Eckhart, der arm wie eine Kirchenmaus war, sprach: „Wird er ihm aber genommen, so wird er auch nicht darum trauern müssen, denn er betrachtet das weltliche Gut, dass er hat, ohnehin nur als etwas Geliehenes[18]. Dass das unabwendbare Schicksal es nun wieder zurückgefordert hat, ist ihm, wie das Zurückzahlen von Schulden, eine Ehrensache. Er braucht darum auch dem unbekannten Diebe nicht sinnlos zu zürnen, denn er weiß, dass dieser aufgrund des fremden Besitzes, der ihm selbst nichts galt, auch nicht glücklich werden wird. Denn es ist zwar sehr einfach, über die Maßen unglücklich zu werden, über die Maßen dauerhaft glücklich zu werden hingegen unmöglich. Man konzentriere sich bei der Einschätzung des eigenen Glücks auf die Frage, was einem leicht genommen werden kann, und was unveräußerlich ist, wie etwa die Tugend. Das Unveräußerliche, was einem niemand nehmen kann, schätze man am höchsten. Den Folterknechten dieser Welt rufe man zu: Ihr könnt mir wohl meinen Besitz nehmen, meinen Leib zerschlagen und töten, meine Liebsten schänden und ermorden, aber meine Tugend und meine Erkenntnis könnt Ihr mir nicht nehmen. Meine Seele könnt ihr mit euren Gräueln nicht zerstören. Dieses innere Gute kann einem niemand nehmen, und das schöne ist, dass es beim Weisen auch immer verfügbar ist. Dies ist auch der Grund, weshalb unser Herr seinen Mördern verziehen hat und nicht im Tode noch zürnte. Vater, vergib ihnen: Denn sie wissen nicht, was sie tun[19]! Ihn kümmerte ihr Seelenheil mehr als das seine, denn des eigenen war er gewiss."

„Überhaupt enthalte man sich möglichst dem Zorne ganz", konstatierte Seneca. „Er verwirrt das Gemüt, man handelt derart, dass man sich oft genug im Nachhinein darüber schämen muss. Die größten Gräueltaten passieren im Zorne. Der Tugendhafte, Tapfere wird die Schläge des Schicksals, die ja notwendig erfolgen, hinnehmen, ohne zu verzweifeln oder zu zürnen. Er ist Fatalist. Er weiß, er kann das Schicksal nicht ändern, aber das Schicksal kann auch ihn nicht verändern. Unbeugsam bleibt er, ungebrochen. Wie eine alte Gebirgskiefer steht er, zerzaust durch des Schicksals rauen Wind, aber zu fest verwurzelt in der Tugend, als dass man ihn zerknicken könnte."

Sokrates sinnierte: „Deine Beobachtung hinsichtlich der Restriktion der Vernunft durch den Zorn ist vollkommen richtig. Neulich sagte ich zu meinem Sohn, der irgendeinen Unfug gemacht hatte: Ich werde dich jetzt nicht bestrafen, denn ich bin zornig[20]! Ich wollte lieber noch einmal darüber schlafen. Wie oft verleitet der Zorn zu Worten, Taten oder Bestrafungen, die nicht mehr zurückzunehmen sind und das Maß der Gerechtigkeit und mithin der Vernunft bei weitem überschreiten. Schon am nächsten Tage tun sie einem leid, sind aber nicht mehr zu ändern. Außerdem ist der Zorn oft ungerecht, denn er vernebelt die Vernunft blutrot. Denn manchmal hat man selbst schuld, vielleicht hat man seine Meinung nicht hinreichend kundgetan, keine Verbote ausgesprochen oder den Betreffenden nicht ausreichend zum Besseren ermahnt. Die Geduld als Folge der Gerechtigkeit ist dem Zorne entgegenzusetzen."

Arthur meinte: „Es kommt eben darauf an, was man *ist*, nicht darauf, was man *hat*. Der Geistreiche wird auch in der Einöde seines Geistes nicht müde, der Geistlose langweilt sich bereits, wenn eine Sensation gerade vorübergegangen ist[21].“

Seneca fuhr fort: „Auch der Neid ist grundsätzlich zu vermeiden. Niemals wird glücklich, wer den Glücklicheren beneidet. Man freue sich über das Glück seiner Mitmenschen. Häufig hilft auch der Blick auf den Unglücklicheren, um das eigene Glück höher zu schätzen. Ebenso wenig versuche man, den Neid seiner Mitmenschen heraufzubeschwören, indem man mit seinem Besitz oder seinen Errungenschaften prahlt. Denn wer zu sehr beneidet wird, muss sich vor der Missgunst seiner Mitmenschen fürchten, denn man wird versuchen, den Beneideten zu schädigen. Und wer sich fürchtet, kann unmöglich glücklich sein, und dieses gilt für jede Art der Furcht, deren Heilmittel wiederum die Tapferkeit ist.“

„Man behalte stets eine heitere Grundeinstellung“, schlug Arthur vor. „Wie oft werden Sorgen oder Schmerzen durch die Heiterkeit vertrieben! Gestattet man der Heiterkeit, in sein Leben einzudringen, so ist vieles gewonnen. Besitzt man vieles, aber ist nicht heiter, so ist man auch nicht glücklich. Besitzt man wenig, ist aber heiter, so ist man dennoch glücklich. Daher ist die Heiterkeit auch ein so hohes Gut, da sie alles Andere ersetzt, selbst aber durch nichts ersetzt werden kann. Die Heiterkeit ist das Balsam für unseren geschundenen Geist, das auch die schlimmsten Situationen erträglich macht. Sie ermöglicht die Geringschätzung auch der widrigsten Umstände. Daher öffne man ihr Tür und Tor[21]."

„Das alles sind ganz schön schwierige Voraussetzungen!" fand ich.

„Ja, es wird immer einsamer, je höher man ins Gebirge steigt", erwiderte Arthur. „Die breite, vernunftarme Masse wird uns in diese kühlen Höhenlüfte sicherlich nicht folgen wollen und können. Sie bleibt meist spätestens an der Baumgrenze von Moral, Gesetz und Religion hängen - wenn sie überhaupt so weit kommt, denn auch der Weg dorthin ist für viele Menschen bereits zu steil und unwegsam. Sie wählen den einfacheren, angenehmeren Weg im Tal, nämlich den materiellen, körperlichen der Gier und des Neides, den Weg ins Unglück und in die Verdammnis."

„Deshalb kann ich auch nur raten, sich nicht zu lange in der breiten Masse aufzuhalten. Die Gefahr, sich mit deren Krankheiten zu infizieren, ist zu groß", sagte Seneca. „Man meide den schlechten Umgang. Indes, ganz allein zu bleiben, ziemt nur dem perfekten Philosophen, dem absolut Tugendhaften. Und diesen findet man kaum. Allen anderen ist zu sagen: Du solltest nicht zu lange ganz allein mit Dir sein, denn da hast Du zu schlechten Umgang. Den besten Umgang suche, denjenigen, bei dem Du etwas lernen kannst. Und sei es ein gutes Buch, um die Gesellschaft der alten Weisen zu suchen. Die Auswahl Deiner Freunde gestalte indes sorgfältig, aber wenn Du sie Deiner Freundschaft für wert befunden hast, vertraue ihnen ganz[22]. Ansonsten sei man anderen gegenüber vorsichtig mit dem, was man ihnen anvertrauen möchte, will man nicht, dass es tags darauf die ganze Stadt erfährt."

„Nun gut", erwiderte ich, „ich gestehe ein, dass es ein größeres Glück bedeutet, ein tugendhaftes Leben zu führen, als ein zügelloses, verfehltes Leben. Aber in einem sind doch alle gleich, und das ist die Angst vor dem Tode. Diese kommt doch wohl beiden, dem zügellosen wie dem guten Menschen gleichermaßen zu?"

„Wieso sollte man den Tod überhaupt fürchten?" Fragte mich Arthur. „Wenn Du dem Tode nahe bist, erinnere Dich daran, dass diese Welt auch ohne Dich immerhin viele Milliarden Jahre gut funktioniert hat, und auch noch lange nach Deinem Tode gut funktionieren wird. War man vor der Geburt nicht existent, und es hat einem kein Leid bedeutet, warum sollte man dann nach dem Tode Leid erfahren, wo man doch körperlich genauso nicht existent ist. Der Weise wird dem nicht Tugendreichen antworten: Aber der Tod nimmt mir alle Annehmlichkeiten des Lebens hinweg! Ich habe sie auch vorher schon gering geschätzt. Aber meine Angehörigen werden mich vermissen! Ich habe schon vorher gut für sie gesorgt, und sie werden mein Andenken ehren. Aber der Tod mag sehr schmerzhaft werden, und sich vielleicht lange hinziehen! So fürchte denn Krankheiten, Wunden, Folter und sonstige Schmerzen, aber nicht den Tod, der gegebenenfalls doch nur die Erlösung von allen körperlichen Schmerzen bedeutet. Ein Mensch kann auch nicht sowohl tot als lebendig sein. Daher dauert der Tod auch nur einen kurzen Moment, noch nicht einmal eine Sekunde. Tod, befreist Du mich von meinen körperlichen Schmerzen und diesem unwürdigen Dasein in diesem Körper, so heiße ich Dich willkommen. Aber das Leben war so kurz! Es war lang genug, um mich soweit zu bringen, wie ich bin. Ich habe genug Zeit gehabt, mich der Wahrheit anzugleichen. Würdest Du mir noch einmal so viel Zeit geben, würde ich sie dennoch nicht so verschwenden wie Du. Zum Schauen von amerikanischen Comedy-Sendungen, Soap Operas oder Reality TV etwa habe ich nämlich nie Zeit gehabt. Mich auf diesen Moment vorzubereiten aber hatte ich genug Zeit, denn ich musste damit rechnen. Aber ich habe Angst vor dem Ungewissen, das danach kommt! Ich habe immer versucht, gut und tugendhaft zu leben, und daher bin ich frohen Mutes. Das Leben, welches dem unsterblichen Willen zum Sein, dessen Individuation ich bin, noch bevorsteht, wird nicht schlechter sein als dieses. Und dessen bin ich gewiss!"

„Wer tugendhaft gelebt hat, der hat auch das Leben nach dem Tode nicht zu fürchten, wäre die christliche Formel", kritisierte Tomas.

„Wir haben aber noch keinen Beweis vorgebracht, dass die menschliche Seele unsterblich ist", bemerkte ich.

„Dabei ist dieser doch so einfach zu führen", sprach Plotin. „Nur Teilbares ist vergänglich. Der Körper des Menschen, wie auch jeder andere Körper ist allerlei Zerstörungen unterworfen, sei es einer augenblicklichen, etwa durch einen Unfall oder andere Katastrophen, sei es einem allmählichen Zerfall durch Krankheit oder Alter. Des Menschen Seele oder Vernunft, wie auch die göttliche Weltenseele von der sie stammt, ist jedoch unteilbar. Sie beseelt als Eines den ganzen Körper und erfüllt ihn mit Leben. Wächst der Körper, ist er trotzdem vollständig von ihr beseelt. Die Seele wird aber auch nicht geringer, wenn wir vielleicht unsere Gliedmaßen oder andere Körperteile verlieren, sondern bleibt immer dieselbe, dem Göttlichen entlehnte Vernunft. Sie ist nicht in den vier Dimensionen des Raumes und der Zeit, den beschränkenden Grenzen unserer körperlichen Welt der Kausalität. Ihr kommt nichts hinzu, noch kann man ihr etwas wegnehmen, so stark und laut die Restriktionen sie auch niederschreien, bedrängen und mit Unflat bewerfen. Sie wird auch nicht durch Altersschwäche geringer, wie etwa das Gehirn an Leistungsstärke verliert. Sie ist unveränderlich unteilbar Eines und somit – da außerhalb der Zeit - unsterblich."

„Schließlich ist es so, dass man mit Hilfe der Tugend frei – und das allein bedeutet wirkliche Freiheit – von allen Restriktionen werden kann, frei von der Sklaverei der Lüste. Zu dieser Freiheit kann man sogar bereits hier auf Erden gelangen, indem man den Lüsten keinen Raum gibt und so möglichst dauerhafte Zufriedenheit anstrebt. Ziel des Menschen aber muss es sein, sozusagen reine Vernunft zu werden, ohne noch des Willens zum Sein, zur Individuation zu bedürfen, was natürlich erst nach dem Tode möglich ist. Dies geschieht nur durch die Verneinung des Willens zum Sein, was aber nur dem vollkommenen Asketen gelingt, dem wahrhaft Heiligen. Nur er ist zum letzten Schritte hinreichend würdig, weshalb der Buddhismus lehrt, dass dieses Glück im Normalfalle nur Mönchen ziemt. Das, mein Lieber, ist die Glückseligkeit, das Aufgehen in der reinen, unkörperlichen Vernunft, dem Guten und Schönen, dem rein intelligiblen Weltwillen im Nirwana, dem Nichts", sagte Arthur.

„Und dieses Nichts ist Gott[23] und das Paradies, aus dem wir einst kamen vor dem Sündenfall, vor der körperlichen Individuation", ergänzte Eckhart. „Zum Glück dürfen wir Christen, sofern wir daran glauben, auch als nur leidlich gute, mit leichten Fehlern behaftete Menschen auf das Paradies hoffen. Wenn es auch nur ein Glaube ist, so mag er uns doch mit reicher Zuversicht erfüllen. Darum kann Gott uns auch bereits hier auf Erden glücklich machen, wenn immer wir an ihn denken."

„Amen", sprach der Christus vom Hochaltar, und ich breitete die Arme aus.

Schrifttum:

1) David Hume, *„Untersuchung in Betreff des menschlichen Verstandes"*, 1748

2) Platon, „sämtliche Dialoge", 428 – 347 v. Chr., vergl. besonders *„Der Staat"*

3) Georg Wilhelm Friedrich Hegel, *„Phäno-menologie des Geistes"*, 1832

4) Arthur Schopenhauer, *„Die Welt als Wille und Vorstellung"*, 3. Auflage, 1859

5) Plotin, *„Enneaden"*, 205 – 270 n. Chr.

6) Platon, *„Politeia- Der Staat"*, 428 – 347 v. Chr.

7) Immanuel Kant, *„Zum ewigen Frieden"*, 1795

8) Rene Descartes, *„Betrachtungen über die Grundlagen der Philosophie"*, 1641

9) Aristoteles, *„Organon"*, 384 – 322 v. Chr.

10) Immanuel Kant, *„Kritik der reinen Vernunft"*, 2. Auflage, 1787

11) Neues Testament, *„Evangelium nach Johan-nes"*

12) Tomaso D'Aquino, *„Summa Contra Gentiles"*, 1264, vergl. auch Baruch de Spinoza, *„Die Ethik"* 1670

13) Seneca, *„De Providentia - Über die Vorse-hung"*, 4 – 65 n. Chr.

14) Augustinus, „ De Civitate Dei - Vom Gottes-
staat", 413 -426 n. Chr.

15) Arthur Schopenhauer, „Über das Geistersehn
und was damit zusammenhängt", 1891

16) Immanuel Kant, „Träume eines Geisterse-
hers", 1765

17) Aristoteles, „Nikomachische Ethik", 350 v.
Chr.

18) Meister Eckhart, „Das Buch der göttlichen
Tröstung", ca. 1323

19) Neues Testament, „Evangelium nach Lukas"

20) Xenophon, „Erinnerungen an Sokrates", ca.
430 – 355 v. Chr.

21) Arthur Schopenhauer, „Der Handschriftliche
Nachlass"

22) Seneca, „Epistulae", 4 – 65 n. Chr.

23) Meister Eckhart, „Predikten, Traktate, Sprü-
che", 1314 – 1323

FSC
www.fsc.org
MIX
Papier | Fördert
gute Waldnutzung
FSC® C083411

Zeitfracht Medien GmbH
Ferdinand-Jühlke-Straße 7
99095 Erfurt, Deutschland
produktsicherheit@kolibri360.de